LETTRE SUR L'HISTOIRE DE FRANCE

PROCÈS

DE

DUMINERAY ET BEAU

ÉDITEUR ET IMPRIMEUR

DE LA BROCHURE DE S. A. R. LE DUC D'AUMALE

RÉQUISITOIRE DE Me DUCREUX.

PLAIDOIERIES DE Mes DUFAURE ET HÉBERT

RECUEILLIES A L'AUDIENCE.

BRUXELLES

LIBRAIRIE UNIVERSELLE DE J. ROZEZ

RUE DE LA MADELEINE, 87.

1861

Bruxelles. — Typographie de CH. VANDERAUWERA,
Rue de la Sablonnière, 8, près de la rue Royale.

TRIBUNAL CORRECTIONNEL DE LA SEINE
(6ᵉ CHAMBRE).

PRÉSIDENCE DE M. MASSÉ.

Audience du 4 mai 1861.

LETTRE SUR L'HISTOIRE DE FRANCE

EXCITATION

A LA HAINE ET AU MÉPRIS DU GOUVERNEMENT.

MM. Henri Lemercier-Dumineray, libraire éditeur à Paris, et François-Henri Beau, imprimeur à Saint-Germain-en-Laye, sont assis au banc des prévenus.

Le siége du ministère public est occupé par M. Ducreux, substitut du procureur impérial.

MMᵉˢ **DUFAURE** et **HÉBERT** sont assis au banc de la défense.

Un public d'élite, presque exclusivement composé de sénateurs, de députés, d'officiers supérieurs et de magistrats, se presse dans l'enceinte de la 6ᵉ chambre. Nous y remarquons MM. de Montalembert, Antoine Passy, Napoléon Daru, Hubaine, secrétaire de S. A. I. le prince Napoléon, d'Haussonville, Bocher, etc.

M. LE PRÉSIDENT. Dumineray, vous êtes prévenu du

délit d'excitation à la haine et au mépris du gouvernement, comme éditeur et propagateur de la brochure intitulée : *Lettre sur l'histoire de France.*

Beau, vous êtes prévenu du même délit, comme imprimeur de cette brochure.

L'organe du ministère public a la parole.

Réquisitoire de M. le substitut du procureur impérial Ducreux.

Messieurs, les circonstances politiques que nous venons de traverser ont fait éclore, depuis quelques mois, une immense quantité de brochures. Plusieurs de ces écrits ont critiqué avec ardeur, avec une vivacité qui touchait souvent à la passion, les actes du gouvernement impérial. Ils l'ont fait, je ne dirai pas seulement avec impunité, ils l'ont fait avec la plus entière liberté. Le gouvernement a voulu, messieurs, que toutes les opinions pussent se manifester, pourvu que leur polémique sur les actes fût loyale et que la loi fût respectée. Mais il est une brochure récemment publiée qui ne s'est pas bornée à discuter avec plus ou moins de sévérité ou d'énergie les faits et les événements. Celle-là s'est signalée par une hostilité profonde et calculée, contre le gouvernement impérial lui-même, dans son essence. Elle s'est caractérisée par un dénigrement violent et amer contre la dynastie et les institutions napoléoniennes. Cette brochure, messieurs, est celle qui est déférée à votre justice. Cet écrit commandait impérativement les poursuites dont il est l'objet. Les interprètes de la loi, ceux qui en ont le dépôt sacré, ne pouvaient souffrir que la loi fût aussi gravement atteinte et aussi audacieusement violée, sans qu'une réparation fût donnée.

Le gouvernement n'a pas voulu, il ne pouvait pas arrêter les poursuites de la justice. Le gouvernement lui-même, identifié trois fois avec la France, par la triple acclamation de sept millions de suffrages, ne pouvait souffrir les attaques d'une œuvre qui, systématiquement, dénature tous ses actes, calomnie toutes ses intentions et qui, dans la forme comme dans le fond, avec une amertume qui ne vous échappera pas, cherche à égarer l'opinion publique, en accusant le gouvernement tout à la fois de violence et de faiblesse. Vous savez que, grâce à Dieu, le gouvernement impérial est bien loin de ces deux pôles extrêmes. Au premier abord, messieurs, à raison de sa forme épistolaire, à raison aussi de son intitulé qui porte : *Réponse à S. A. I. le prince Napoléon*, la brochure pouvait simuler une réponse au discours prononcé au Sénat par Son Altesse Impériale. A la première lecture réfléchie de cette brochure, tout le monde a reconnu sans effort que, sous l'apparence que nous venons de vous signaler, il y avait là le manifeste d'un parti et une attaque contre le gouvernement lui-même.

Une seconde observation que j'ai à faire est celle-ci : le prince Napoléon, par un sentiment dont tout le monde peut apprécier la délicatesse, a exprimé, dans une lettre insérée au *Moniteur*, qu'à ce point de vue d'une prétendue réponse à son discours, l'opinion publique serait juge de la brochure. Ici, la pensée de Son Altesse Impériale s'est trouvée en harmonie parfaite avec la qualification donnée, après l'instruction, dans l'ordonnance de renvoi en police correctionnelle. La qualification est celle d'excitation à la haine et au mépris du gouvernement.

Nous avons dit, messieurs, que la brochure était le manifeste d'un parti ; nous ajoutons qu'elle a été comme la résultante de toutes les attaques perfides et intéressées qui ont accompagné et suivi la discussion de l'Adresse, soit au Sénat, soit au Corps législatif. La première preuve de cette double proposition se trouve dans la signature imprimée qui est au bas de la brochure. N'est-ce pas là, messieurs, je le demande à tout le monde, n'est-ce pas là un drapeau élevé contre le drapeau national, un véritable défi ? La brochure reproche au gouvernement de violer tous les jours les principes de 1789, sur lesquels il prétend hypocritement s'appuyer ; elle attaque le mode de discussion dans les Chambres législatives ; elle attaque le décret du 24 novembre ; elle parle de ce concert européen qu'on aurait méconnu et qu'on cherche à rétablir. Toutes ces choses sont étrangères au discours du prince Napoléon. Nous n'avons pas à nous demander d'où vient cette sollicitude si vive, si inattendue de la part d'un prince de la monarchie de Juillet pour un prince de la monarchie impériale. Nous n'avons pas à examiner non plus comment, à propos d'une simple allusion, on a tenté la défense impossible de Philippe-Égalité. Philippe-Égalité est une de ces figures sinistres dont l'histoire a fait justice. Ce qu'on a voulu, messieurs, nous le disons avec vérité : on a voulu allumer un brandon de discorde, se saisir d'une arme de guerre, essayer, au moyen du premier prétexte venu, d'escompter les circonstances. Voilà pour nous la vérité, nous pensons que c'est la vérité pour tous.

MM. Beau et Dumineray sont les fauteurs de cette publicité. Ils en ont accepté la responsabilité tout entière. Vous aurez, messieurs, à mesurer l'étendue de cette responsabilité; vous aurez aussi à mesurer l'étendue et la sévérité de l'agression. Permettez-nous, à ce point de vue, deux mots ; vous aurez ensuite à apprécier la gravité du délit.

MM. Beau et Dumineray ont été condamnés déjà tous les deux. Ils ont donc déjà, non-seulement l'expérience professionnelle qui devait déterminer, dans leurs consciences, leur responsabilité et leur situation juridique, mais ils ont encore cette triste expérience des peines déjà encourues ; ils savaient donc ce qu'ils faisaient; ils ont exécuté leur volonté ; ils ont voulu être les agents actifs et intelligents d'un parti; ils ont voulu être les échos des passions politiques produites par les violences que vous connaissez. Ils sont venus froidement jeter une pâture aux ressentiments et à la haine. Ils sont venus semer dans les esprits les préoccupations et l'agitation, avec l'expérience, sans doute, d'en recueillir le fruit à leur profit, ou plutôt au profit de leur parti. Par quel mobile ont-ils agi, à quels sentiments ont-ils obéi? Est-ce que leurs personnes, leurs familles, leurs intérêts se trouvaient engagés dans la publication qu'ils ont faite? Non, ce sont d'autres motifs qui les ont fait agir, au risque de la condamnation qu'ils encouraient et à laquelle ils n'échapperont pas. Ce qu'ils ont voulu avant tout, nous sommes fondé à le dire sans exagération : servir le parti qui les payait; ils ont voulu de l'argent, passez-nous l'expression.

Quand vous connaîtrez toute la gravité de l'attaque par la discussion à laquelle nous allons nous livrer, nous pourrons dire et vous direz avec nous que les deux prévenus en ce moment assis sur les bancs de la police correctionnelle ont agi en mauvais citoyens, et doivent être punis comme mauvais citoyens.

Plaçons-nous maintenant en face de la brochure elle-même, car c'est l'œuvre que vous avez à juger ; plaçons-nous en face du délit relevé par le juge d'instruction : Excitation à la haine et au mépris du gouvernement.

Avant de prendre successivement chacun des quatre passages qui sont spécialement relevés dans l'ordonnance du juge d'instruction, qu'il nous soit permis d'appeler votre attention sur les derniers mots de la brochure, sur les dernières lignes, celles qui ont résumé la pensée de l'auteur, le but qu'il veut atteindre; c'est la synthèse de l'œuvre tout entière :

« Sachez bien, dit-on au gouvernement, que si vous ne sortez pas des mauvaises voies où vous êtes si profondément engagés, ce n'est pas aux Bourbons ni aux d'Orléans, auxquels on n'a jamais pu du moins adresser un tel reproche, c'est à vous et aux vôtres qu'on pourrait alors renvoyer les paroles de votre oncle au Directoire : « Qu'avez-vous fait de la France? »

On ne prétendra pas sans doute qu'il y a ici un conseil désintéressé donné au gouvernement, non ; on s'adresse aux lecteurs que l'on croit sympathiques aux doctrines que l'on veut faire triompher, et on leur dit : Vous voyez que le gouvernement a engagé la France dans une voie mauvaise, il l'a profondément engagée dans cette voie mauvaise.

Nous nous bornons, quant à présent, à vous signaler la pensée de l'auteur, à vous présenter le système de son œuvre ; la fin de la brochure, c'est une menace qui vient ici se placer comme le couronnement d'une calomnie. Voilà ce qu'il y a.

Passons, messieurs, à l'examen successif des passages spécialement relevés par l'ordonnance du juge d'instruction, passages qui caractérisent plus particulièrement le délit d'excitation à la haine et au mépris du gouvernement.

Le premier passage se trouve à la page 12, il est ainsi conçu :

« Et combien d'ailleurs tous les esprits habitués au doux mouvement du gouvernement libre, étaient éloignés alors de ces dures maximes et de ces pratiques impitoyables, que le spectacle corrupteur de tant de violences heureuses a fait, depuis ce temps-là, pénétrer dans tous les cœurs. »

Ici, vous le comprenez, messieurs, on cherche à établir un parallèle entre le gouvernement actuel et le gouvernement qui est tombé en 1848. Au premier, on adresse l'outrage et le mé-

pris, on lui dit : Vous présentez vous-même le spectacle corrupteur des violences heureuses ; au second on prodigue
l'éloge, on dit que son action est le doux mouvement d'un
gouvernement libre.

Ah ! messieurs, ce sont là, nous ne craignons pas de le dire,
deux contre-vérités. Le spectacle que présente aujourd'hui la
France, pour quiconque n'est pas son ennemi systématique,
c'est le spectacle du calme et de la modération dans la force.
Quant au gouvernement libre dont on parle, et à son doux
mouvement, nous ne voulons pas rechercher ce qu'il était,
nous n'en avons ni le besoin ni l'intention, nous discutons un
texte, et ce texte nous force à dire avec l'histoire ce que nous
allons dire. L'histoire, si elle devait interpréter le langage de
la brochure, ne dirait-elle pas que la révolution de Juillet a été
une violence heureuse, heureuse en cela surtout qu'avec les
débris du trône renversé des descendants de Louis XIV, elle a
édifié le trône, mal affermi, de la branche cadette, de la
branche d'Orléans? L'histoire ne dirait-elle pas que le corol-
laire de cette situation étrange, fausse, sans base solide, sans
ratification sérieusement nationale, a été, non pas ce doux
mouvement, dont le souvenir berce les illusions de l'auteur
de la brochure, mais les insurrections de 1832, les insurrections de 1834, les insurrections de 1835, l'état de siége de
Paris, l'état de siége de Lyon, l'insurrection de la Vendée? Ces
événements, nous le savons, messieurs, ont été l'objet d'une
répression et d'une répression légitime qui a été un triomphe
sur l'anarchie et le désordre ; mais ceux qui ont été les vaincus, ceux qui étaient les amis de la veille ont-ils qualifié cette
coalition de doux mouvement d'un gouvernement libre? Nous
ne dirons rien, messieurs, de la lutte qui existait entre ce
qu'on appelait la pensée personnelle et la pensée des représentants responsables du gouvernement ; nous en avons dit
assez pour rétablir la vérité des faits. Arrivons au deuxième
passage. Le deuxième passage relevé dans l'ordonnance du
juge d'instruction, se trouve à la page 15, le voici :

« Il faut en convenir, le gouvernement actuel, si heureux à
tant d'égards, a moins de succès dans l'accomplissement de
ses promesses... Je sais qu'il est difficile de tant promettre
et de toujours tenir ; je connais le rôle commode que jouent
tour à tour, selon les besoins de la situation, tantôt les anciens
partis, tantôt les manifestations de diverses volontés natio-

nales, puis la politique de l'Angleterre, etc...; qu'il me soit permis d'affirmer seulement que, par le fait des circonstances, l'exécution rigoureuse des engagements pris ne peut pas compter parmi les vertus dont la famille Bonaparte doit nous présenter le touchant faisceau, et ceux auxquels on donne tout à espérer feront bien d'y prendre garde. »

L'excitation se produit ici dans le reproche de manquer aux engagements. Avons-nous besoin de dire que ce reproche est aussi injuste et calomnieux que violent et hasardé? Nous comprenons, messieurs, que cette excitation procède de l'amertume qu'on éprouve à voir que la dynastie napoléonienne n'a pas failli à sa magnifique mission. La France lui avait demandé de la sauver de l'anarchie et de la conduire à ses destinées glorieuses. Elle le lui avait demandé dans ses premiers comices, elle le lui avait demandé incessamment par ce tressaillement national qui vibrait au nom de Napoléon, elle le lui avait demandé d'une façon plus pressante, plus impérieuse, si j'ose m'exprimer ainsi, par l'organe de 80 conseils généraux. Eh bien, alors la promesse fut faite à la France de la sauver de l'anarchie et de la conduire à ses destinées glorieuses. Avons-nous à demander si cette promesse a été merveilleusement réalisée? La dynastie, selon une expression auguste, a été remise sur sa base, et la confiance inébranlable de la France est devenue aussi solide que cette base.

Quant à la paix de Villafranca, nous n'avons qu'une réponse à faire. Qui doute aujourd'hui que, dans l'avenir, la liberté ne soit donnée tout entière? La paix de Villafranca n'est-elle pas l'exécution de cette promesse faite avec le plus grand amour pour la France, de sauvegarder les intérêts du pays, même avant les intérêts de la liberté immédiate de l'Italie, même avant l'intérêt de la gloire qui s'attache toujours aux armes victorieuses? La paix de Villafranca a donné cette preuve que, dans l'Italie, elle avait glorieusement réalisé la part qui lui était faite, qui lui était échue. Vous savez quelles pouvaient être les conséquences de la prolongation de la guerre.

La promesse faite aux catholiques de protéger le Saint-Siége, nous sommes heureux de le dire, a été proclamée. Elle se réalise tous les jours par la présence de notre armée à Rome. A l'ombre du drapeau de saint Pierre qu'elle protége, se trouve encore protégé l'exil royal d'un prince de la famille de Bourbon. Les promesses sont réalisées dans les limites de la puissance humaine, et, permettez-moi de vous le dire, l'avenir viendra couronner l'œuvre et lui donner la dernière sanction.

Passons à l'examen du troisième passage. En voici le texte :

« Quand la nation, quand chaque Français jouira de la même sécurité, de la même liberté, de la même inviolabilité, alors on aura droit d'inscrire en tête de notre Constitution les principes de 1789 dégagés des utopies de 1791, des crimes de 1793 et de l'hypocrisie d'une autre époque. »

L'attaque résultant de ce passage est blessante dans l'expression ; non-seulement elle est blessante dans l'expression, mais elle est inconcevable. L'auteur de la brochure, qui est dans les douleurs de l'exil, loin de la France, le sait bien ; les hommes qui aiment leur pays, qui mettent leur responsabilité au-dessus de leur repos, ceux-là mêmes qui sont en infime minorité, n'ont rien à craindre pour leur sécurité. Ils se sentent protégés par la loi, par un gouvernement qui se sent fort. Ils savent qu'ils ont la liberté pour le bien ; lorsqu'ils la veulent, ils l'ont ; quant à la liberté pour le mal ; ils n'en veulent pas. On connaissait la réponse faite par le ministre d'Etat, réponse péremptoire au Corps législatif. On se garde bien de reproduire cette réponse, on se garde bien surtout de faire allusion à l'amnistie, à cet acte généreux qui, de la part même des adversaires, devait être l'objet d'un acte de bonne foi, sinon de reconnaissance. La liberté qu'on invoque, c'est la liberté d'attaquer, de saper le gouvernement, dans l'espoir et la perspective de commotions inutiles et funestes au pays, qu'on cherche et qu'on désire. Cette liberté-là, on ne l'aura jamais, parce qu'on ne doit pas l'avoir ; on ne l'aura pas plus que l'Angleterre, qui l'invoquait aussi, alors que les Stuarts conspiraient à l'étranger. Mais cette liberté sage, inaugurée par le décret du 24 novembre, cette liberté progressive, nous l'avons déjà et chacun de nous a l'espoir fondé de l'avoir plus complète. Si, par un miracle que la fragilité humaine ne peut faire, mais que la toute-puissance divine peut réaliser, si, par ce miracle, il se pouvait que les hommes pussent se réunir dans un sentiment commun autour du trône impérial, soyez sûrs que dans ce concours de toutes les pensées vers le même but la liberté serait la première au rendez-vous.

Nous arrivons au quatrième passage, celui qui se trouve aux

pages 25, 26 et 27; nous allons le lire en entier, le tribunal l'a déjà lu, mais il importe qu'on connaisse le texte sur lequel s'établit la discussion :

« Vous traitez les affaires avec autant d'équité et de sincérité que les personnes ; et en relevant les apparences du gouvernement parlementaire, vous avez eu de bonnes raisons pour en repousser les réalités. La première nécessité d'un gouvernement qui se met en face d'une assemblée libre, c'est d'avoir une politique avouable et de la défendre contre l'opinion des uns en s'appuyant loyalement sur l'opinion des autres; mais votre politique a consisté jusqu'ici à tromper tout le monde en ne refusant des promesses et des espérances à personne. Vous avez deux faces et vous les montrez toutes deux tous les jours. Vous dites aux catholiques : « Ne me reconnaissez-vous plus ? Je suis le gouvernement qui a fait l'expédition de Rome, qui a accablé le pape de ses sympathies, avant, pendant et après la guerre; qui a signé la paix de Villafranca, qui a renforcé la garnison de Rome, en rappelant son ambassadeur de Turin; qui seul a maintenu ses vaisseaux devant Gaëte. » Vous dites aux partisans exaltés de la révolution italienne : « Pourquoi vous défiez-vous de moi, et que vous fait la présence de mes troupes à Rome? Avez-vous oublié que j'ai consenti jadis, à contre-cœur, à l'expédition de Rome; que j'ai écrit la lettre à Edgar Ney; que la paix de Villafranca a été dans mes mains une lettre morte; que j'ai dit bon voyage à celui qui partait pour Castelfidardo; que j'ai rappelé après tout ma flotte de Gaëte, et qu'il n'y a plus aujourd'hui ni Etats-Romains, ni royaume de Naples? » Enfin vous tournant vers la France, et lui montrant les deux partis caressés et trompés tour à tour, vous tirez de la confusion même de vos actes une dernière vanité, vous érigez ce conflit de contradictions en système et vous dites : « Voyez comme l'on se plaint de moi ! Ne suis-je pas la modération en personne? N'ai-je pas su garder un sage équilibre ? N'est-ce pas le juste milieu ressuscité? Casimir Périer serait content. » Et c'est pour jouer un rôle dans cette comédie, à la face de l'Europe, que vous avez rendu la parole aux députés de la France ! Mieux valait laisser par terre, comme vous l'avez fait depuis dix ans, les débris de la tribune brisée sous la main un instant égarée de vos soldats !

« Je ne conteste pas votre force ; j'en sens tout le poids à

1.

l'arrogance de votre langage et à mes inquiétudes pour l'avenir de mon pays ; mais j'en sais aussi l'origine, et vous ne la déroberez jamais, cette origine, aux yeux de la France. Vous parlez volontiers de l'abaissement militaire de notre pays sous les gouvernements qui se sont succédé depuis 1815. »

Après ces deux pages que nous livrons au tribunal sans discussion, nous allons vous faire entendre le langage de l'homme d'Etat, qui sera aussi le langage de l'histoire. C'est la meilleure réponse que nous puissions faire à ces calomnies qui débordent. Nous empruntons cette réponse au discours prononcé par l'honorable M. Billault au Corps législatif. Cette citation sera courte :

« Jusqu'à présent la politique du gouvernement de l'empereur avait été, non pas de tout abandonner en Italie au mouvement nouveau, ou de revenir sur ses pas en rétablissant tout à l'état ancien, mais de réconcilier ces deux efforts contraires dans les justes limites de leurs satisfactions légitimes. L'œuvre était certainement difficile, mais qu'une entreprise soit difficile, ce n'est pas là, pour un gouvernement qui a la conscience de ses devoirs, un motif suffisant pour l'abandonner. Les choses faciles, messieurs, ne sont pas le lot des souverains qui ont l'honneur de gouverner les affaires d'un grand peuple. Il faut savoir résister aux entraînements des uns, aux calomnies des autres, ayant devant soi le grand but de l'intérêt de son pays. Il faut persister et attendre avec la ferme résolution de profiter de toutes les occasions et de tous les moyens légitimes dont on peut disposer pour réussir.

» Cette politique de l'empereur si amèrement attaquée, l'Europe l'a jugée autrement. Lisez dans les documents qui vous ont été communiqués, le seul épisode de Varsovie.

» Il y avait, à cette époque, dans le monde une préoccupation grave, il y avait la pensée qu'une nouvelle coalition allait se former contre la France, il y avait la conviction que l'Autriche, blessée dans son passé, inquiète dans son avenir, à la fois préoccupée et de ce qu'elle avait perdu, et de ce qui s'agitait dans son sein, allait demander aux deux autres grandes puissances du Nord un concours efficace et des engagements définitifs. Il y avait là, aux yeux du monde, une menace contre la France.

» Au lieu de cela, quand le secret de la situation diplomatique a pu être révélé, vous avez vu la conduite de l'empereur appréciée comme une conduite sage, soigneuse de la paix du monde, ménageant avec sollicitude tous les intérêts, et recevant, en échange de sa profonde sagesse, l'estime et la confiance des grands souverains qui se réunissaient à Varsovie. »

Voilà, messieurs, nous ne craignons pas de le dire, la réponse la plus décisive qui puisse être faite à la brochure, à propos de ce reproche de politique à double face, de comédie jouée devant l'Europe.

Qu'il nous soit permis de reporter vos souvenirs vers une page de l'histoire du passé, celle de la question d'Orient en 1840. Le gouvernement d'alors avait fait deux promesses formelles, l'une au pacha d'Égypte, allié et ami de la France. L'Égypte, messieurs, avait été l'objet de la préoccupation de notre politique. Napoléon y avait pensé, comme dit M. Thiers, parce qu'il pensait à tout ce qui était utile et glorieux pour la France. On avait donc fait une promesse au pacha d'Égypte, qui était celle de la médiation, de l'appui de la France.

Une autre promesse avait été faite, mais celle-ci c'était à la France qu'on l'avait faite. On avait promis de sauvegarder sa dignité, de sauver, selon l'expression officielle, l'honneur de la patrie dans cette grande crise européenne. En vertu de cette double promesse, messieurs, le pacha d'Égypte, comprenant qu'ayant la France avec lui, c'était assez, repoussa l'ultimatum insultant qui lui était adressé par les puissances, et la France, dont l'escadre était dans la rade d'Alexandrie, la France qui disposait d'une force digne de la grande cause qu'elle était appelée à soutenir, la France, tressaillant à l'espoir de sortir enfin de cette atonie, de cette torpeur qu'on appelait alors la paix à tout prix, était pleine d'énergie et de résolution.

Tout cela, messieurs, c'était de la mise en scène. La solution se préparait dans les arcanes mystérieux de la diplomatie. Ecoutez : le *Moniteur* du 17 septembre 1840 publiait la convention de Londres avec ce titre : *Convention des grandes puissances pour la pacification des affaires d'Orient.* Cet acte était signé : Palmerston, Newmann, Bulow…; le nom de la France n'y était pas même après celui de la Porte, dont le vassal victorieux d'abord était l'ami de la France et son protégé. La France, messieurs, en 1840, était rayée du rang des grandes puissances. Et puis, le 3 octobre, une dépêche télégraphique insérée au *Moniteur* disait : La ville de Beyrouth a été bombardée, réduite en cendres, et l'escadre française est rentrée dans la baie, etc.

Il y eut alors, messieurs, nous en avons le souvenir comme si cela s'était passé hier, il y eut alors une explosion d'indignation dans la France tout entière. Cette explosion se traduisit dans cette mémorable discussion de l'adresse de novembre 1840, dans laquelle M. Thiers s'écriait : « Je me plains qu'après avoir dit « alors qu'on résisterait, on ne résiste plus ; le pays a reçu, dans ce qui s'est passé en Orient, une atteinte profonde à ses intérêts et à son honneur. » Et puis l'orateur, développant sa discussion à la tribune, lisait une lettre de l'ambassadeur de France en Italie à celui qui se trouvait à Londres, et cette lettre, qui exprimait la pensée de lord Palmerston, contenait ce passage :

« A l'avenir, la France se tiendra tranquille ; l'affaire faite, malgré elle et après l'humiliation, la France restera en bonnes relations avec l'Angleterre. La paix de l'Europe n'aura pas été troublée, l'Angleterre et la France ne seront point brouillées, et l'Orient sera réglé comme l'Angleterre l'aura voulu : c'est un défilé à passer plus désagréable que dangereux. »

Et M. Thiers, reprenant, disait : « Quand je vois mon pays aussi humilié, je ne puis contenir les sentiments qui m'oppressent. » M. de Montalembert, résumant un éloquent discours, s'écriait aussi : « Nous n'avions donc pas tort quand nous disions que le gouvernement de Juillet a substitué à la bataille des douanes l'abaissement continu. »

Et c'est en présence d'une telle situation, ainsi caractérisée par les défenseurs, ainsi caractérisée par les amis et les serviteurs les plus dévoués de ce gouvernement; c'est en présence d'une telle situation qui est dans les souvenirs de tout le monde qu'on a le courage de venir poser cette question : « Qu'avez-vous fait de la France! »

Ah! messieurs, nous voudrions avoir sur les lèvres des paroles dignes des sentiments qui, dans tous les cœurs, répondent à cette question. Ce que nous avons fait de la France! Nous l'avons relevée, nous avons porté son nom si haut qu'il domine celui de toutes les nations de l'univers. La France! nous en avons fait à la fois la nation la plus glorieuse et la plus aimée. Demandez aux courageux vainqueurs de Sébastopol et de Solferino s'ils ne rencontrent pas partout les sympathies et l'admiration du monde. Ce que nous avons fait de la France ! nous en avons fait le pays le plus respecté, réalisant le vœu de Frédéric le Grand : il ne peut pas se tirer en Europe un coup de canon sans sa permission. Ce que nous avons fait de la France ! nous en avons fait la nation qui marche à la tête de la civilisation. Ce que nous en avons fait dans l'intérieur. Vous le voyez, un pays laborieux, prospère, qui s'avance vers une prospérité magnifique et réalise ainsi le programme impérial. Ce que nous avons fait de la France ! Je vais vous le dire en un mot qui résume tout : une nation qui a la plus entière, la plus inébranlable confiance dans son gouvernement, une nation qui est fière d'elle-même, et qui en est justement fière.

Voilà la cause, messieurs, elle est surtout dans les passages que nous avons indiqués ; nous avons discuté l'œuvre, nous avons laissé dans l'ombre tout ce qui ne constituait pas ouvertement le délit d'excitation à la haine et au mépris. Vous la jugerez, messieurs, après une lecture attentive, dans la chambre de vos délibérations ; vous la jugerez vous-mêmes par votre lecture, avec votre conscience, bien plus encore qu'avec vos lumières, et nous sommes certain qu'après vos réflexions, vous arriverez à donner à la poursuite la sanction qu'elle doit avoir. Nous requérons l'application de la loi.

Me **DUFAURE** (1). Messieurs, le délit pour lequel M. Dumineray est poursuivi se formule ainsi : il a publié et mis en vente un écrit qui excite au mépris et à la haine du gouvernement impérial. Le caractère de cet écrit n'est pas équivoque, M. Dumineray n'a pas pu se méprendre sur sa portée. Il a donc fait le mal sciemment, il doit en être responsable. Voilà la prévention à laquelle je dois répondre.

Je ne puis me dispenser, en commençant, de dire que la culpabilité de cet écrit n'a pas paru, dès l'origine, aussi évidente que le disait tout à l'heure M. l'avocat impérial. Cette brochure fut déposée, le vendredi 12 avril, avant midi, au parquet de Versailles, où elle a été lue, méditée, appréciée librement. Elle a été envoyée à Paris, où l'on a pu de nouveau en prendre connaissance. Vingt-cinq heures se sont écoulées

(1) Nous donnons le discours de Me Dufaure comme parfaitement authentique.

et Dumineray n'a pas reçu un de ces avis officieux devant lesquels s'arrête toute publication. On en commence la distribution le samedi à une heure ; elle est offerte au public ouvertement, sans dissimulation ; de nombreux exemplaires circulent dans un des lieux les plus publics et les plus surveillés de Paris, à la Bourse ; à trois heures et demie, tout est vendu. Pendant deux heures encore, on se présente chez Dumineray, on demande l'écrit ; le libraire répond qu'il ne lui en reste plus. Ce n'est qu'à cinq heures et demie, le samedi, quand tout a été distribué que le commissaire de police se présente chez lui, n'y trouve rien et fait une saisie fictive.

A quoi attribuer cela, messieurs? Ce n'est pas à la négligence, ce n'est pas à l'apathie des agents du gouvernement, mais c'est qu'au premier moment, à la première lecture de la *Lettre sur l'histoire de France*, il n'est personne qui ne se soit dit : c'est une réponse à une provocation, c'est une défense contre une attaque, ce n'est rien autre chose, ce n'est pas une attaque contre le gouvernement lui-même. Voilà, messieurs, le premier sentiment que je saisis des agents de l'autorité et du public entre les mains duquel circule librement la brochure. Le 15 avril, le *Moniteur* contient cette annonce :

« Une brochure ayant pour titre : *Lettre sur l'histoire de France* et pour éditeur M. Dumineray a été saisie. »

Et le même jour, le préfet de la Loire-Inférieure reçoit une dépêche télégraphique qu'il communique à l'un des journaux de Nantes, et dans laquelle il lui est dit :

« Prévenez immédiatement les journaux qu'ils ne peuvent publier aucun extrait ni aucun commentaire sur la brochure du duc d'Aumale, et bornez-vous à en mentionner la saisie dans les mêmes termes que le *Moniteur*. Signalez-moi les journaux qui enfreindraient cette invitation. »

L'invitation du Ministre de l'intérieur est tellement impérieuse que pas un des journaux de Paris n'ose dire autre chose que la note qui était insérée au *Moniteur*.

Le 20 avril, nouvelle note du *Moniteur*. J'appelle l'attention du tribunal sur les termes dans lesquels elle est conçue; le tribunal y verra le premier sentiment de la haute administration sur l'écrit incriminé :

« Dans son numéro du 15 avril, le *Moniteur* a annoncé la saisie d'une brochure intitulée : *Lettre sur l'histoire de France, qui contenait une attaque personnelle contre le Prince Napoléon.*

Dès que S. A. I. a su qu'une instruction était dirigée contre l'éditeur de cette brochure, elle s'est empressée d'écrire à l'Empereur pour demander qu'il ne fût pas donné suite à la saisie. Il n'a pas paru possible d'accéder au vœu du Prince et d'interrompre le cours de la justice. »

Quel est le caractère de la brochure, signalé par le gouvernement lui-même : « Attaque personnelle contre le Prince Napoléon. »

On a parlé tout à l'heure de la lettre que le Prince a écrite lui-même ; elle est publiée dans le *Siècle* du même jour, en voici les termes :

« Sire,

» Le duc d'Aumale a publié une brochure en réponse à un discours que j'ai prononcé au Sénat, il y a quelques semaines.

» Le parquet y a vu un délit contre les lois de l'Empire et une attaque à votre gouvernement. Ne s'inspirant que du droit commun, il a saisi et déféré cette publication aux tribunaux.

» C'était son devoir.

» J'ai vu hier M. le Ministre de l'intérieur pour le prier de trancher par une mesure exceptionnelle une situation exceptionnelle.

» Je suis attaqué dans l'écrit du prince d'Orléans ; c'est un motif de plus pour moi d'insister auprès de Votre Majesté afin d'arrêter les poursuites.

» Etouffer n'est pas répondre. Je vous supplie, Sire, de laisser circuler librement la réponse de M. le duc d'Aumale, certain que le patriotisme de la France jugera ce pamphlet comme il mérite de l'être, et que le bon sens du peuple fera justice de cette soi-disant leçon d'histoire qui n'est qu'un *manisfeste orléaniste*.

» Veuillez agréer, Sire, etc.

      » *Signé* : Napoléon (Jérôme). »

J'admirerais, messieurs, la générosité, la grandeur d'âme du prince Napoléon, comme on le disait tout à l'heure, s'il écrivait au chef de l'Etat : « La brochure, ainsi que l'indique le *Moniteur*, est une attaque personnelle contre moi. C'est moi qui suis attaqué ; je pardonne : je demande à Votre Majesté de

ne pas poursuivre, de laisser circuler l'attaque et de me permettre de répondre. » Mais le sens de la lettre que je viens de
lire est fort différent ; et je le fais remarquer, parce que cette
lettre hostile a fourni le texte de nombreuses réponses que je
ferai connaître plus tard, de l'instruction qui a été suivie contre
Dumineray et Beau, et même du réquisitoire que vous venez
d'entendre. De ce qui était, selon le gouvernement, une attaque personnelle contre le prince Napoléon, on fait une
attaque contre le gouvernement, un manifeste orléaniste.
Voilà le dernier mot de la lettre ; devant cette haute appréciation il n'y a plus à hésiter, et le prince, qui semble demander qu'il n'y ait pas de poursuites, obtiendra facilement qu'elles
aient lieu : double et précieux avantage d'être à la fois généreux et vengé ! La réponse du gouvernement a été telle que
l'exigeait la lettre publiée dans le *Siècle*; la poursuite a commencé, non pas pour une attaque personnelle contre le prince
Napoléon, mais pour publication du manifeste d'un parti politique.

M. Dumineray a dû se poser à lui-même la question qui
semble diviser le gouvernement et le prince Napoléon. Faut-il
croire, comme on l'a cru d'abord, comme tout le monde l'a
senti, comme le sentaient sans doute ceux qui ne lui ont pas
dit un mot pour l'empêcher de distribuer la brochure, qui ont
laissé achever toute la distribution, avant de se présenter
chez lui, faut-il croire que c'est simplement une défense contre
une attaque? Est-ce une réponse à une provocation? Est-ce au
contraire le manifeste d'un parti? Voilà la question que M. Dumineray a dû se poser : à cette question, sa réponse n'était
pas douteuse. Vous le voyez, je n'attribue la lenteur de l'avis
qui lui a été donné de la saisie faite chez lui, qu'à l'opinion la
plus légitime, la plus naturelle qui saisit tous les esprits à la
lecture de cet écrit : qu'il est une réponse à la provocation
portée de la tribune au Sénat ; qu'attaqué dans sa famille
l'auteur avait le droit de répondre. Cette première pensée de
tout le monde était la bonne et c'est à elle qu'en définitive
s'arrêtera le tribunal.

Ainsi a pensé Dumineray en consentant à publier la brochure.

Le réquisitoire a dit : Dans cette brochure, à la bien lire,
il n'y a qu'un manifeste de parti ; le Prince avait dit un manifeste orléaniste ; c'est ainsi qu'elle a été poursuivie.

Dans le développement qu'on vient de donner à cette accusation on a parlé des *Stuarts conspirant à l'étranger*; si je ne me trompe, ce sont bien les mots que j'ai entendus tout à l'heure. Des Stuarts conspirant à l'étranger! c'est ce que M. Dumineray aurait dû découvrir dans les princes de la famille d'Orléans, comme le ministère public vient de le découvrir. Il ne s'en était pas douté; son erreur est-elle excusable? Cela l'oblige à rappeler ce que fait la famille d'Orléans depuis treize ans qu'elle est à l'étranger. Depuis treize ans, si je ne me trompe, les princes d'Orléans vivent à l'étranger, sur une terre hospitalière pour tous les exilés, dans une retraite profonde, dignes, calmes et respectés, groupés autour d'une sainte et vénérable mère que couronne la triple auréole de la grandeur passée, du malheur et des plus touchantes vertus. N'est-ce pas là la vie qu'ils mènent depuis plus de treize ans, et leur exil, apanage, à peu près nécessaire, du moins pour un certain temps, de toutes les familles qui ont régné dans un pays, et qui ne règnent plus, leur exil n'a-t-il pas été tourmenté, aggravé par toutes les épreuves que pouvaient leur imposer la Providence, dont nous n'avons pas à rechercher les desseins secrets, et la colère des hommes? Pendant ce temps, quels murmures ont-ils fait entendre, quels signes de conspirateurs ont-ils donnés? Ils ont été incessamment attaqués, ils l'ont été dans des feuilles publiques dont je ne m'occupe pas, dans des discours prononcés par des hommes qui ont été, pour dire comme M. l'avocat impérial, au nombre de leurs serviteurs; ils ont été attaqués par des allocutions publiques parties de plus haut; j'en citerais des exemples, si on le contestait. A toutes ces attaques, dites-moi ce qu'ils ont répondu. Dans des brochures qui se sont fait les auxiliaires du ministère public, on a rappelé qu'il leur avait été permis d'écrire dans nos journaux; je voudrais savoir si l'on trouve dans ces écrits la plus légère trace de la faute qu'on leur reproche.

M. L'AVOCAT IMPÉRIAL. Je ne les ai nullement incriminés.

Mᵉ DUFAURE. Oui, depuis qu'ils sont à l'étranger, ils ont écrit dans un journal : le prince de Joinville et le duc d'Aumale ont librement inséré la manifestation de leurs pensées, à plusieurs reprises, dans la *Revue des deux Mondes*, cela est vrai; l'un, dans des articles remarquables sur la marine française; l'autre, dans une savante étude sur les guerres de César et dans des écrits sur les zouaves et les chasseurs à pied. Eh bien! dites-moi si dans quelques-uns de ces écrits vous trouvez un mot, un seul mot de dénigrement contre le gouvernement qui les fait accuser de conspirer? Quel est le sentiment qui règne dans ces écrits, depuis la première page jusqu'à la dernière? Un seul sentiment y est fortement empreint : l'amour du pays, la passion de sa grandeur, de sa gloire, ce que nous appelons le sentiment national. Lisez ces deux volumes du prince de Joinville et du duc d'Aumale, résumé des écrits qu'ils ont publiés dans la *Revue des deux Mondes*, lisez-les, et, je le répète, vous n'y trouverez pas un mot d'attaque, de dénigrement, d'hostilité, mais l'amour de la gloire nationale et la haute impartialité qui s'allie naturellement à tous les sentiments élevés. M. le prince de Joinville, en parlant de l'amiral Lalande avec la profonde estime qui lui était due, trouvera l'occasion de rappeler ses sentiments politiques et de rendre un hommage mérité au souvenir de l'illustre général Cavaignac. — Cela ne l'empêchera pas plus tard, à l'occasion de la guerre de Crimée, d'être juste envers l'un des soutiens de l'empire, M. le maréchal Canrobert. Et, quand il parle de nos troupes, en quels termes s'exprime-t-il? Un passage vous montrera la pensée qui préside à ses écrits ; permettez-moi de vous le lire :

« Loin, très-loin de nous, en écrivant ces mots, la pensée de venir ici diminuer en rien les mérites de nos admirables soldats. Pendant leur long séjour sur le plateau de Chersonèse, ils ont montré qu'aucune vertu ne leur était étrangère; à ce courage bouillant et intelligent, à cet élan irrésistible qui en font les premiers soldats du monde, ils ont su joindre une fermeté et une patience dans les privations dont se sont étonnés ceux qui les connaissaient le mieux, ceux même qui les commandaient. La noble et austère école de nos guerres d'Afrique a été pour quelque chose dans ce résultat, qui a trompé les espérances de l'ennemi, et les braves régiments qui ont supporté avec tant de constance l'hiver de 1855 en Crimée se souvenaient des garnisons de Tlemcen, de Milianah et du camp de la Tafna. C'étaient toujours les hommes héroïques auxquels un des généraux qui ont eu l'honneur de les commander (M. le duc d'Orléans) portait, en 1839, ce toast qu'on nous permettra de rappeler : « A l'armée d'Afrique, à cette armée qui, maniant tour à tour la pioche et le fusil, combattant alternativement les Arabes et la fièvre, osa affronter avec une résignation stoïque la mort sans gloire de l'hôpital, et dont la brillante valeur conserve, dans notre jeune armée, les traditions de nos légions les plus célèbres!

» A cette armée qui, loin de la patrie, a le bonheur de ne connaître les discordes intestines de la France que pour les maudire, et qui, servant d'asile à ceux qui la fuient, ne leur donne à combattre, pour les intérêts généraux de la France, que contre la nature, les Arabes et le climat! »

Voilà l'esprit profondément patriotique qui a régné dans les écrits que, pendant treize ans, le prince de Joinville a fait paraître dans des journaux français.

Et le langage du duc d'Aumale était-il plus passionné, plus hostile au gouvernement actuel? Prenez encore la collection de ces articles de la *Revue*, vous y verrez, avec le même sentiment national, la même impartialité. S'il aime à rappeler les noms glorieux des généraux qui ont vu briser violemment leur carrière militaire, le 21 décembre 1851, Cavaignac, Bedeau, Changarnier, Lamoricière, cela ne l'empêchera pas de rendre justice et au colonel, depuis maréchal Saint-Arnaud qui les a fait arrêter, et au colonel, depuis maréchal Canrobert, qui s'est immédiatement allié à leurs vainqueurs. — Il rendra une justice aussi éclatante aux services rendus en Crimée qu'aux services rendus en Afrique, et il terminera son écrit par les paroles suivantes :

« Mais une épreuve bien autrement décisive les attend. Au mois de mars 1854, ils quittaient l'Algérie, pleins d'enthousiasme ; ils appartenaient à l'armée d'Orient ! Nos vieilles bandes africaines allaient se trouver en face de cette armée qui nous avait si chaudement disputé le champ de bataille d'Eylau et de la Moskowa, à côté de cette infanterie anglaise, dont nous avions souvent éprouvé à nos dépens l'inébranlable solidité. Ceux qui les connaissaient les voyaient partir avec anxiété, mais avec une pleine confiance dans leur valeur, dans leur patriotisme, dans leurs traditions ; cette confiance n'a pas été trompée. Il n'y a aujourd'hui dans toute l'Europe qu'un cri d'admiration pour l'armée française. L'organisation de nos états-majors, de nos cadres, de nos services administratifs, notre mode d'avancement, de recrutement, toutes nos lois, toutes nos constitutions militaires ont frappé les esprits par leur sagesse et leur harmonie, et tous les corps de notre armée ont noblement rempli leur tâche; courage, patience, industrie, ténacité, aucune vertu guerrière ne leur a manqué. Et les zouaves! quel Français peut lire sans joie et sans orgueil ce qu'en disent les correspondances anglaises, soit qu'elles les suivent « grimpant comme des chats » sur la falaise de l'Alma, soit qu'elles nous les montrent « bondissant comme des panthères » dans les broussailles d'Inkerman! De quels houras furent-ils salués par les gardes de la reine, quand cette héroïque brigade, épuisée par sa magnifique défense, vit apparaître dans le brouillard du matin « le vêtement bien connu des troupes algériennes! » A peine les avait-on aperçus qu'ils étaient au plus épais de la colonne russe... Mais nous avons rempli notre tâche; à d'autres reviendra l'honneur de raconter cette guerre qui, bientôt peut-être, appartiendra à l'histoire, car le moment approche, nous l'espérons, où le drapeau des zouaves qui a flotté le premier sur la brèche de Constantine, de Zaatcha et de Laghouat, sera planté sur les murs de Sébastopol. »

Est-ce là un cœur jaloux d'une gloire dont il n'aura pas sa part? Fait-on acte d'hostilité contre un gouvernement, en lui souhaitant une telle gloire? Vous le voyez, messieurs, il était nécessaire, quand on a parlé des Stuarts conspirant à l'étranger, de vous montrer comment conspirent les princes d'Orléans, pendant les treize ans qu'ils ont passés hors de la France. Voilà les sentiments dont ces conspirateurs étaient animés, et qu'il me soit permis d'ajouter que, pendant qu'ils écrivaient avec ce vif sentiment de l'honneur national, deux de leurs neveux, deux enfants, à peine sortis de l'école, prenaient du service dans les rangs des alliés de la France, l'un sous le drapeau piémontais, dans la campagne d'Italie; l'autre à côté du maréchal O'Donnell, dans la guerre de l'Espagne contre le Maroc.

Voilà leur conduite depuis treize ans, et ce qui permettait à M. Dumineray de croire que ce n'était pas un écrit de conspirateur qu'on lui apportait, mais un écrit provoqué par quelque événement nouveau, accidentel, dont tout à l'heure je dirai le caractère. Est-ce la conduite ordinaire des conspirateurs ou des prétendants? Je ne recherche pas ce que faisaient les Stuarts conspirant à l'étranger; probablement les procédés changent avec les époques; mais nous en avons eu dans notre siècle, leur conduite appartient à l'histoire. Je demanderai à M. l'avocat impérial si leur conduite était celle des princes d'Orléans. N'avaient-ils pas, à l'étranger, dans leur demeure, des presses à l'aide |desquelles ils faisaient des proclamations que leurs amis répandaient dans toute la France? Ne fondaient-ils pas, au sein de la capitale, des journaux qui étaient leur propriété? N'écrivaient-ils pas de leurs propres mains dans les journaux français, n'employaient-ils pas le langage de l'opposition la plus violente pour attaquer le gouvernement qu'ils voulaient renverser, et quels autres moyens plus coupables encore n'employaient-ils pas, et que je ne veux pas rappeler? N'est-ce pas ainsi qu'ils faisaient? Veuillez me dire si les princes d'Orléans ont rien fait de pareil?

Depuis treize ans, malgré son bon vouloir, l'autorité n'a pas trouvé un fait, une ligne, une démarche qui puisse justifier l'assimilation, l'accusation que vous avez entendu proférer par le ministère public. Après un tel passé, pourquoi donc tout d'un coup, en 1861, lancer un manifeste orléaniste? Quel serait le grand événement qui aurait amené cette démonstration subite? Mais un manifeste, nous savons tous ou nous devons tous savoir ce que ce mot veut dire; c'est, sans doute, une profession de foi politique; c'est, sans doute, un programme de gouvernement, ce sont des promesses superbes faites au pays, sauf à les oublier plus tard. Un manifeste de parti est sans doute cela, ou je ne sais pas ce que c'est. Eh bien, le tribunal qui a déjà lu, aura la bonté de relire la lettre qui porte la signature de M. le duc d'Aumale, et que M. Dumineray a consenti à publier. Il la relira et il se dira, comme M. Dumineray, qui avait aussi le devoir de juger s'est dit à lui-même, que cette lettre contient des réponses vives à des attaques inattendues et n'a aucun des caractères d'un manifeste de parti. Quelle est la profession de foi qui s'y trouve, et que me dit l'écrivain, relativement à toutes les questions qui occupent le monde en ce moment? Il fait un manifeste de parti et il ne se prononce sur rien. C'est le reproche que lui ont fait tous ceux qui, dans de pauvres écrits dont je parlerai tout à l'heure, l'ont attaqué, et ont jugé, comme M. le prince Napoléon, qu'il était habile de se méprendre sur ses intentions et de lui attribuer un manifeste orléaniste. Ceux-là même ont dit : Qu'est-ce que c'est qu'un chef de parti qui ne donne son opinion sur aucune des questions qui nous divisent? La seule réponse à leur faire, c'est qu'ils se méprennent, volontairement ou non, sur le but et la portée de l'œuvre qu'ils attaquent : défense contre une violente agression et non programme d'un chef de parti. Ceux qui persistent dans cette erreur voudraient-ils bien me dire, pour la politique extérieure, quelle solution propose le duc d'Aumale aux questions qui sont en ce moment l'objet de si ardents débats et sur lesquelles on vient d'exprimer des opinions si contestables et si contestées? Cette solution est-elle conforme à celle du ministère public, y est-elle contraire? Voudrait-on me dire si l'écrivain a trouvé l'heureux moyen d'accorder tout ce que réclament les intérêts politiques durables de la France dans cette grande et formidable question de Rome, qui ne concerne pas seulement la religion catholique mais toutes les branches de la religion chrétienne, comme le disaient, l'autre jour, presque en même temps, deux hommes d'État éminents, M. Guizot en France, et lord Derby en Angleterre?

'Un écrit de polémique personnelle peut et doit se taire sur de telles questions, un manifeste de parti ne le peut pas. Et quant à la politique intérieure, quelle opinion exprime-t-il? Trouve-t-il que le pays soit assez en possession de lui-même? La presse, les élections lui paraissent-elles assez libres? La tribune assez élevée et assez puissante? Sur tous ces grands sujets, pas un mot, pas même un mot sur cette question qui est le fond des débats de nos jours. Que pense-t-il surtout de l'interprétation singulière donnée à la révolution de 1789, sophisme indigne chez les uns, déplorable erreur chez les autres? Croit-il aussi qu'elle n'ait été qu'un mouvement violent en faveur de l'égalité et que la liberté lui ait été indifférente? Et si le tribunal veut me permettre un souvenir personnel, quels sentiments éprouverait-il s'il lui était permis de visiter, comme je l'ai fait naguère, ce noble pays du Dauphiné, berceau de notre révolution de 1789, où elle fit, pour la première fois, entendre sa voix ; s'il lui eût été permis dans cette ville, encore sympathique à leurs idées, de s'arrêter silencieux et rêveur devant les maisons qui furent la demeure de Barnave et de Mounier, et qui portent leurs noms écrits sur le marbre, ne demanderait-il pas pardon à ces grands citoyens de l'indigne abus que notre génération a fait de leur œuvre, en invoquant le souvenir de la révolution de 1789, surtout lorsqu'elle attaque et veut abolir toutes les libertés qu'ils ont si hautement proclamées et si glorieusement défendues?

J'ai donc le droit de le dire au tribunal que la qualification donnée à l'écrit de M. le duc d'Aumale, dans la lettre par laquelle on demandait qu'elle ne fût pas poursuivie, n'était qu'un moyen habile de rendre la poursuite inévitable.

Maintenant, si elle n'est pas un manifeste, qu'est-elle donc? Pourquoi le duc d'Aumale, si admirablement réservé dans ses autres écrits, a-t-il jugé à propos de publier cette *Lettre sur l'histoire de France*, et de la publier ouvertement, car, lui, il l'a signée, ce que, généralement, on ne fait plus de nos jours. Quel était son but? Je l'ai dit : de répondre à une provocation. Seulement on me fera une objection qui touche au client pour lequel je plaide, et à laquelle je dois répondre en peu de mots. On me dira : Y eût-il eu provocation contre M. le duc d'Aumale, il n'y en avait pas contre M. Dumineray. Pourquoi M. Dumineray a-t-il publié une brochure qui pouvait être une défense de la famille d'Orléans, mais qui, quant à lui, ne pouvait pas avoir ce caractère?

Si cette objection était faite, je dirais au tribunal : Admettez-vous facilement qu'une personne attaquée dans son honneur et dans l'honneur de sa famille ait le droit de répondre, sans permettre en même temps à un imprimeur et à un éditeur de lui prêter leur concours? Est-il possible que l'écrit soit innocent pour l'un, coupable pour l'autre? Cela est-il admissible? Ce serait joindre l'inconséquence à l'iniquité. Vous reconnaissez que quelqu'un est attaqué publiquement avec une publicité rare, extraordinaire. Il a le droit de répondre, la loi le lui accorde; mais vous défendez à tout le monde d'imprimer, de publier sa réponse. Il a le droit, mais il ne l'exerce qu'à la condition d'avoir une presse à lui, et comme cela est interdit, il demandera un brevet d'imprimeur qu'on pourra lui refuser; s'il l'obtient, il imprimera lui-même sa réponse, il ouvrira un magasin, il la vendra lui-même. Est-ce sérieux? Le publicateur peut-il être coupable quand l'écrivain est innocent? Les tribunaux reconnaissent que le droit de légitime défense appartient à tout le monde. Je suis attaqué, je n'ai pas d'armes pour me défendre, un ami m'en prête une, on m'absoudra et l'on condamnera celui qui m'a prêté l'arme! Car la presse et la publicité ne sont pas autre chose qu'une arme prêtée à M. le duc d'Aumale pour se défendre contre la provocation dont il a été l'objet!

Maintenant, je le demande, y a-t-il eu provocation? Et la lettre qui a été écrite sous le titre de : *Lettre sur l'histoire de France*, et portant la signature « HENRI D'ORLÉANS; » cette lettre a-t-elle été provoquée par une attaque quelconque? car elle n'était pas dans les habitudes de l'illustre écrivain, il ne lui était jamais échappé un mot qui ressemblât à ce qui se trouve dans la brochure. Messieurs, je dis qu'il y a eu provocation, et que la brochure n'est autre chose que la réponse à la provocation, que c'est l'exercice du droit de légitime défense.

Vous savez que, dans la séance du Sénat du 1er mars 1861, un discours important a été prononcé. Le but de ce discours était de défendre le principe de l'unité de l'Italie, de montrer qu'elle était conforme à la politique de la France, de justifier les moyens que le gouvernement du Piémont a employés pour se mettre à la tête du mouvement, de combattre l'idée d'une fédération italienne, du maintien d'un royaume séparé pour le midi de l'Italie, enfin de proposer une solution pour la question romaine. Voilà le but du discours, je l'analyse complétement. Il ne m'appartient pas de dire comment ce but a été rempli, comment ces grandes questions ont été traitées; mais tout le monde conviendra qu'elles pouvaient l'être sans attaquer les princes de la maison d'Orléans qui n'y étaient pour rien; on ne voit pas ce que la maison d'Orléans peut avoir à faire dans la question italienne; elle ne s'y rattache que par un côté, la noble part que M. le duc de Chartres a prise à quelques-uns des événements de la campagne de 1859. Que l'auteur eût parlé des Bourbons de Naples, à la bonne heure; mais si une passion aigre et agressive n'avait emporté l'orateur, on ne voit pas pourquoi il aurait parlé des Bourbons de France, des Bourbons d'Espagne! On n'en voit pas le motif, lorsqu'on se rend compte du but que l'orateur se proposait.

Eh bien! quels sont les termes dans lesquels on a parlé? Je lis à la page 6 du discours imprimé du prince Napoléon, le passage suivant :

« Il y a quelques paroles dont je tiens à remercier M. le sénateur de Heeckeren, ce sont celles par lesquelles il a justement flétri ces membres des familles royales qui, voulant se faire une situation anormale, injuste, immorale, trahissent leur drapeau, leur cause et leur prince, pour se faire une fallacieuse popularité personnelle.

» Il a eu parfaitement raison et j'approuve ses paroles. Je

ne suis pas étonné que cette observation soit venue à son esprit en parlant de la famille des Bourbons, car cette famille, *partout* et *toujours, dans tous les pays où elle a régné*, nous a donné ce scandaleux exemple de luttes et de trahisons intérieures. En France, rappelez-vous Philippe-Egalité ; en Espagne, les affaires de Bayonne et Ferdinand VII invoquant le secours de l'étranger contre son père Charles IV, et, en dernier lieu, le comte de Montemolin luttant contre la reine d'Espagne. »

On parle là des Bourbons, de tous les temps et de tous les pays où ils ont régné, cela est assez clair. Cependant l'orateur avait été plus loin ; je viens de lire le discours imprimé après coup, mais le compte-rendu du Sénat, rédigé sous l'impression immédiate des paroles prononcées, donné par la *Patrie*, avant tous les autres journaux qui ne peuvent pas donner en entier la séance du Sénat, c'est-à-dire par presque tous les journaux de province, le compte-rendu, rédigé le soir, de la séance du Sénat, contenait plus encore :

« M. le sénateur Heeckeren a flétri les membres des familles royales qui trahissent, dans des moments douloureux, les chefs de leurs dynasties. M. le sénateur Heeckeren a eu raison ; et je ne puis qu'approuver ses paroles.

» Il est vrai que l'on a vu souvent de ces tristes exemples de désertion, mais il est vrai que c'est la famille des Bourbons qui les a le plus souvent donnés par Philippe-Egalité et par les d'Orléans. Rappelez-vous aussi l'affaire de Bayonne et les trahisons mutuelles des Bourbons d'Espagne. Rappelez-vous les derniers incidents de l'histoire du comte de Montemolin. »

Pourquoi cette attaque? Quelle place légitime avait-elle dans la discussion engagée devant le Sénat? Et puis le tribunal n'ignore pas combien elle a été aggravée par l'immense publicité qu'a eue ce discours. Immédiatement après qu'il a été prononcé, le ministre de l'intérieur, à peine rentré dans son hôtel, a adressé aux préfets la dépêche télégraphique suivante :

« Un magnifique discours vient d'être prononcé au Sénat par S. A. I. le prince Napoléon. Il a occupé toute la séance et a produit une immense sensation. »

Et le dimanche suivant, à la porte de toutes les mairies de France, ce discours se trouvait affiché. Quant à l'effet qu'il a produit, permettez-moi de le constater par ce passage du discours d'un orateur qui n'est point hostile à l'empire, le marquis d'Andelare :

« Je sais que vous n'avez pas respecté les frissons populaires qui courent toujours à la veille des grands événements. Je le crois bien ! Qui les a fait courir, si ce n'est la publication à la porte de chaque mairie, avec un titre aussi visible que celui des proclamations impériales, d'un discours célèbre qui a produit autant d'émotion dans nos populations que le seizième bulletin de la République ? »

Après l'attaque que je viens de rappeler, à la page 43 du même discours il s'en trouve encore une : l'orateur dit que : « Dans les moments de péril, sous le coup de la menace, les Bourbons ont toujours fait des concessions et que, le danger passé, ils les ont toujours retirées. »

Voilà l'attaque gratuite, volontaire, cherchée, en dehors de toutes les nécessités de la discussion, qui a été adressée aux princes de la famille de Bourbon par un prince de la famille régnante, portant la parole au Sénat dans la séance du 1er mars ; voilà l'injure à laquelle le gouvernement s'est empressé de s'associer par la circulaire du ministre de l'intérieur, par l'ordre d'afficher dans toutes les mairies, par tous les modes de manifestation qui étaient en son pouvoir.

Qui s'étonnera, après cela, qu'un prince de la famille d'Orléans ait éprouvé quelque émotion en entendant adresser à sa famille, du haut de la tribune du Sénat, et avec cette immense et exceptionnelle publicité, les imputations dont je viens de donner lecture ? N'avait-il pas le droit de dire ce que vous lisez au commencement de sa lettre, page 6 ?

« L'exil m'a-t-il fait perdre le droit le plus naturel, le plus sacré de tous, celui de défendre ma famille publiquement outragée, et, avec elle, le passé de la France ? Cette attaque injurieuse qu'un pouvoir si fort et qui vous inspire tant de confiance, a endossée, propagée, affichée sur tous les murs, ma réponse peut-elle la suivre et se produire, en se conformant aux lois, sur le sol même de la patrie ? J'en veux faire l'expérience ; si elle tourne contre mes vœux, et si, au mépris des plus simples notions de la justice et de l'honneur, vous étouffez ma voix en France, dans une cause si légitime, elle aura du moins quelque écho en Europe et ira, en tout pays, au cœur des honnêtes gens. »

Vous voyez comment la provocation a amené une réponse

et l'a amenée vive et irritée. Du moment que le prince Napoléon avait parlé, le duc d'Aumale ou tout autre membre de sa famille était contraint d'écrire.

On dit : Le duc d'Aumale aurait pu écrire, répondre au prince Napoléon, hasarder même des attaques personnelles contre le Prince, mais pourquoi étendre jusqu'au gouvernement la vivacité de ses reproches? A la lecture de la brochure, n'est-il pas évident que si une partie s'adresse au Prince qui a prononcé le discours, l'autre partie s'adresse au gouvernement?

Messieurs, ma réponse à cette objection est déjà faite : si une partie des explications du duc d'Aumale retombent sur le gouvernement, ne s'y est-il pas exposé en s'appropriant le discours, comme il l'a fait d'une manière si éclatante? Il a donné contre lui-même le droit de légitime défense. Veuillez, d'ailleurs, relire le discours du prince Napoléon, vous le verrez, à toutes les pages, s'identifier avec le gouvernement, personnifier le gouvernement en lui-même, exprimer la plupart de ses opinions sous une forme officielle, et rendre compte des actes et des pensées du gouvernement, en se les appropriant : *Nous* avons fait; *nous* avons résolu; *nous* avons voulu; *nous* avons décidé; *nous* ne voulons pas que le pape; *nous* donnons *nos* sympathies à Garibaldi, *nous* donnons *notre* pitié au roi de Naples; si des républicains ou des légitimistes débarquent sur les côtes de France, *nous* les fusillerons bel et bien. *Nous*, toujours *nous*. Le prince Napoléon a sa part dans tout ce qui a été fait, dans tout ce qui se fera. Je ne veux pas vous fatiguer de lectures, le tribunal lira ; il verra, s'il le veut, plus de cent passages pareils que j'ai notés. Quoi de plus naturel que d'adopter la même formule en lui répondant? Si le gouvernement s'en trouve atteint, c'est lui qui l'a voulu. Voudra-t-on dire que celui qui est attaqué doit se borner à un rôle défensif, se justifier et justifier sa famille; que celui qui est frappé est coupable, s'il fait autre chose que d'écarter la main qui le frappe? Il est impossible qu'on fasse un crime au duc d'Aumale d'avoir porté la guerre dans le camp ennemi, et je n'admets pas qu'il soit loisible au gouvernement, même le plus absolu, d'écrire ou de répondre des offenses, sans être exposé à des représailles. C'est un droit que, à ma connaissance du moins, aucune loi ne lui a encore accordé.

D'ailleurs, en écartant les raisons multipliées qui les expliquent et les justifient, les passages incriminés dans la lettre écrite par le duc d'Aumale et publiée par mon client, contiennent-ils le délit d'excitation à la haine et au mépris du gouvernement?

Ici se présente un problème dont personne mieux que vous ne peut comprendre la gravité. Quelle est la limite de la critique légitime des actes du gouvernement et du délit qu'on définit par ces mots : excitation à la haine et au mépris du gouvernement? C'est à vous à poser cette limite; la défense doit la discuter, mais je laisse ce soin à mon honorable et savant confrère qui, beaucoup mieux que je ne pourrais le faire, recherchera le sens des lois qui punissent ce délit, et fera l'application de ces lois aux différents passages incriminés de la *Lettre sur l'histoire de France*. Il veut bien prendre le soin de les étudier, de les commenter. Il n'en est qu'un sur lequel, sans le discuter au fond, je demanderai au tribunal la permission de dire quelques mots : c'est celui qui a été considéré comme le principal par le ministère public, dans le réquisitoire que vous venez d'entendre, celui qui se trouve aux pages 25, 26 et 27. Mais, avant d'y toucher, j'ai besoin de répondre à quelques mots qui ont précédé la lecture qu'en a donnée M. l'avocat impérial.

On a jugé à propos, messieurs, de faire la comparaison du gouvernement de Juillet avec le gouvernement impérial, et on nous a provoqués à entrer dans ce débat. J'en appelle à la loyauté du ministère public, me serait-il permis, sans paraître manquer à la réserve que m'impose ma profession, de louer tout ce qu'il a attaqué?.... Peut-être, encore, mais d'attaquer tout ce qu'il a loué? Ai-je la même liberté de langage que lui? Ne m'adresse-t-il pas un défi, sachant que je ne puis l'accepter? Je le prie donc bien de ne pas regarder mon silence sur cette partie de son réquisitoire comme une adhésion; qu'il le prenne, s'il le veut, comme un aveu de l'impuissance qui résulte de la différence de nos positions et du désir de ne pas me laisser entraîner à des débats politiques dont mon client, M. Dumineray, serait inévitablement victime. On a comparé le gouvernement actuel avec un gouvernement libre, et on s'est donné le facile plaisir de rappeler les difficultés réelles d'un gouvernement libre : les émeutes, l'agitation des esprits, la lutte permanente des opinions et des intérêts contraires, enfin les accidents journaliers du gouvernement parlementaire; on croit triompher. Que de réponses à faire ! Mais en laissant ce terrain, je veux vous en dire une seule ; elle a été faite par Montesquieu :

« Les dieux, dit-il quelque part, qui ont donné à la plupart des hommes une lâche ambition, ont attaché à la liberté presque autant de malheurs qu'à la servitude. Mais quel que doive être le prix de cette noble liberté, il faut bien le payer aux dieux. »

Voilà ma réponse, et cette noble liberté, elle était estimée bien haut aussi par mon éminent et regrettable ami M. Vivien, lorsqu'il disait, dans ses *Etudes administratives :*

« La liberté est une chose si sainte et si douce, que je la prendrais de quelques mains qu'elle sorte. Je serais heureux de la devoir à un Washington, elle me réconcilierait avec un Stuart, et j'en saurais même gré à un Cromwell, s'il pouvait me la donner. »

Cette comparaison entre un gouvernement libre et celui qui ne l'est pas est bien loin du passage incriminé, si je ne me trompe, et même la question d'Orient, débattue il y a plus de vingt ans avec éclat devant les chambres législatives. Cette question aussi, désirez-vous que je la discute? Serai-je obligé de me rappeler (ma mémoire, moins fidèle que celle du ministère public, me ferait défaut), serai-je obligé de me rappeler toutes les dépêches échangées entre la France et l'Angleterre, l'interprétation que leur donnaient nos orateurs du ministère ou de l'opposition? Je craindrais, à vrai dire, que mon client, qui s'est peut-être fort peu occupé de la question d'Orient, ne me reprochât de l'oublier lui-même, et j'aime mieux revenir au passage de la *Lettre sur l'histoire de France*, dont j'ai promis de dire quelques mots, laissant à mon confrère le soin d'en discuter à fond toutes les pages où l'on prétend trouver le délit d'excitation à la haine et au mépris du gouvernement impérial.

Dans le passage dont je m'occupe, le ministère public l'a lu tout à l'heure, on accuse, cela est manifeste, je n'ai pas la moindre envie d'équivoquer sur les mots ; on accuse le gouvernement français d'avoir une politique double, prenant, aux yeux des uns, les dehors de la conservation, aux yeux des autres, les dehors de la révolution, et ainsi, n'étant sûr pour personne. Cela est parfaitement certain. Ces reproches sont-ils fondés, messieurs? A Dieu ne plaise encore que je suive le

ministère public dans l'examen de cette question. Mais c'est
la grande question de nos jours qui se débat sur les différents
théâtres politiques ; ce n'est pas une question qui se puisse
librement traduire à cette barre ; ce n'est pas d'ailleurs la
question du procès. Il ne s'agit pas de savoir si les reproches
adressés au gouvernement sont justes, mais s'ils constituent
un délit. Il ne suffit pas d'être injuste envers un gouvernement,
dans l'appréciation 'de sa politique, pour être punissable ; du
moins je n'ai pas encore vu de loi qui ait fait courir aux oppo-
sitions le danger d'être traduites en police correctionnelle,
quand elles n'avaient pas raison. Je me borne à dire que, juste
ou non, ce reproche est l'un de ceux auxquels sont exposés
tous les gouvernements, du moins dans les pays où l'on peut
s'expliquer sur leurs actes. Je n'ai donc qu'à rechercher si
cette critique constitue un délit, et je n'en parlerai qu'à un point
de vue rétréci, puisque la question sera tout à l'heure mieux
discutée par un autre que par moi. Je me demande donc si,
accuser un gouvernement d'avoir une politique à double face,
est commettre envers lui le délit d'excitation à la haine et au
mépris ? Quel est le gouvernement auquel un pareil reproche
n'ait pas été adressé ? Je ne sache pas que lord Palmerston, en
Angleterre, et M. de Cavour, en Piémont, soient à l'abri de telles
sévérités. Dans tous les pays où l'on peut discuter les actes
du gouvernement, cela est de mise, et nous avons lu autrefois
des choses bien autrement vives sans nous en émouvoir.
Pourquoi donc cela nous étonne-t-il aujourd'hui ? Vous venez
de citer deux grands orateurs, MM. Thiers et de Montalembert.
En s'expliquant comme ils le faisaient sur un acte politique
du gouvernement de Juillet, ils n'entendaient pas, que je
sache, commettre un délit et pousser à la ruine de ce gouvernement ; d'où vient donc votre susceptibilité singulière ?

Pourquoi vous étonner d'un reproche si commun ? Pourquoi
être disposé à y voir un délit ? Ah ! il y a là une raison que je
vais dire ou plutôt que tout le monde a déjà comprise : c'est
qu'à la différence des autres gouvernements, sous le gouvernement actuel, ce n'est plus un ministre passager qui en est
responsable. D'après la Constitution, c'est le chef de l'Etat lui-
même, et c'est à lui que tous les reproches doivent s'adresser.
Il semble alors que la controverse politique prenne un caractère plus grave, plus hardi et plus dangereux. Mais de ce que
la responsabilité a été déplacée, de ce que la Constitution a

voulu qu'elle appartînt au chef de l'Etat, au lieu d'appartenir aux ministres, de ce qu'on ne peut s'en prendre sans injustice à M. Thouvenel ou à M. Walewski, du moins à leur volonté, de la politique suivie en Italie, est-ce que la législation pénale a changé? Ce qui était critique légitime autrefois est-il devenu critique punissable? En aucune manière. Le délit est resté le même, la responsabilité a changé. Les reproches peuvent être adressés à la politique, à moins qu'on ne déclare que la Constitution de 1852, en transformant la responsabilité, a transformé implicitement, par je ne sais quelle action sourde que nous ne connaissons pas, en droit criminel, le sens et la portée de la loi pénale. Aussi, dans le débat qui a eu lieu au Corps législatif, le reproche qui se trouve aux pages 25, 26 et 27 de la brochure saisie a-t-il été adressé par la plupart des orateurs à la politique du gouvernement, et dans des termes au moins aussi vifs. Voici ce que nous lisons dans le discours prononcé par M. Keller :

« Après de longues discussions, après deux années d'incertitude nous arrivons, à l'heure qu'il est, à ce point que les intentions du gouvernement semblent inspirer à la fois la même confiance à ceux qui désirent le maintien du pouvoir temporel du Saint-Siége et à ceux qui espèrent sa ruine complète et prochaine.

» Vos intérêts et vos engagements, lui disent les uns, sont tellement clairs, qu'il vous est impossible d'abandonner Rome. — La logique de vos actes, lui disent les autres, la logique des événements auxquels vous avez consenti, vous mènera forcément à l'abandon ou tout au moins au partage de Rome. »

Et je lis plus loin :

« Dans cette lutte, messieurs, qui n'est pas nouvelle sur cette même terre d'Italie, la France a été franchement révolutionnaire en 1796, franchement conquérante sous le premier Empire, franchement conservatrice en 1848 et en 1849. Mais vous qui avez eu l'imprudence de rouvrir cette arène sans en mesurer l'étendue, qu'êtes-vous et que voulez-vous? Êtes-vous révolutionnaires, êtes-vous conservateurs, ou bien restez-vous simples spectateurs du combat? Jusqu'à présent vous n'avez été ni l'un ni l'autre, car vous avez reculé pas à pas devant Garibaldi, en même temps que vous vous proclamiez son plus grand ennemi; car vous avez fourni à la fois des canons rayés au Piémont et de la charpie au roi de Naples; car d'une main vous avez protégé le Saint-Siége, de l'autre vous avez dressé son acte d'accusation et dans les mêmes pages vous avez fait écrire l'inviolabilité et la déchéance de Pie IX !»

J'ai cité le discours de M. Keller, il en est un autre qui a été plus goûté du gouvernement, celui de notre éloquent confrère, M. Jules Favre. Il est fait, à un point de vue bien opposé. Or, j'y trouve des reproches de même nature, et dans le débat ces reproches ont été si loin, que l'un des ministres sans portefeuille a dû faire cet aveu :

« Depuis trois jours on répète hautement dans cette enceinte ce que les brochures avaient d'abord timidement dit ; on a commencé par accuser la politique de l'empereur de faiblesse, de fausseté et enfin de lâcheté. »

Je n'ai pas besoin de dire que ce dernier mot ne se trouve nulle part dans la brochure de M. le duc d'Aumale. » (*Sourires.*)

Le même ministre, page 220, disait encore :

« Il importe que l'on sache si la Chambre croit, avec ces trois orateurs, que notre politique a été faible, allant de défaillance en défaillance, qu'elle a déçu la catholicité, qu'elle a joué un rôle misérable de subordination vis-à-vis le Piémont, vis-à-vis l'Angleterre et vis-à-vis la révolution ; en un mot, qu'elle a été lâche et manquant à ses devoirs. »

Les ministres, en général, dans les débats parlementaires, n'exagèrent pas les reproches qui leur sont adressés, et vous pouvez être certains que quand le ministre prononçait ces paroles si vives, il ne faisait que reproduire le langage de ses adversaires.

J'ai parlé des reproches adressés par le Corps législatif, j'en trouverais peut-être d'à peu près semblables dans le discours du prince Napoléon, lorsqu'il lui plaît de se séparer de la conduite politique du gouvernement. Voyez comment il s'explique à la page 49 de ce discours. Il excuse d'abord ce qu'a fait le Piémont par l'exemple du coup d'Etat de 1851 : je n'ai rien à dire sur cette étrange justification. (*Rires.*)

Il ajoute : « ... Les nécessités de l'Italie du nord vis-à-vis de l'Italie du midi n'étaient-elles pas aussi incontestables que celles que je viens de rappeler ? N'y avait-il pas pour tous les hommes impartiaux des raisons absolues de prendre une résolution ? Je ne ferai qu'un reproche à mon honorable ami, M. de Cavour, c'est de n'avoir pas été assez franc. Il aurait dû peut-être dire loyalement, publiquement, ce qu'il disait en particulier : « Je ne puis m'opposer au mouvement des Deux-» Siciles, je ne puis empêcher Garibaldi de partir. » Il aurait dû l'avouer publiquement, il ne l'a pas osé. Beaucoup de personnes peuvent lui en faire le reproche ; mais si quelqu'un n'a pas ce droit, c'est le gouvernement français, parce que c'est uniquement par considération pour ses conseils qu'il a agi comme il l'a fait. J'ai des lettres où la vérité déborde de tous côtés, où ce grand ministre dit que le gouvernement de Victor-Emmanuel ne peut rester dans cette situation fausse : « Il faut mettre ma conduite au jour ; j'ai une responsabilité » qui m'écrase et que je ne puis accepter qu'à la condition de » l'avouer devant mon pays et devant l'histoire. » Le seul tort qu'il a eu, c'est, je le répète, de n'avoir pas été assez franc. »

De manière que M. de Cavour, qui a trompé tout le monde, mérite le reproche de n'avoir pas été franc. Le prince Napoléon ose adresser ce reproche à un ami. Mais, en même temps, il ajoute : « La faute, la responsabilité en est au gouvernement français ; c'est le gouvernement français qui lui a conseillé de n'être pas franc. » Voilà ce que je trouve même dans ce discours ; et lorsque j'entendais dire, par l'organe du ministère public, que le gouvernement avait subi dans les Chambres des attaques perfides et intéressées (ce sont bien les expressions que j'ai notées en les entendant), habitué au respect qui est dû aux grands corps de l'État, il me semblait que ce respect serait un peu oublié et leur liberté de discussion compromise si nous pouvions ainsi les apprécier dans nos modestes débats judiciaires.

Ce que la tribune a pu dire, la presse le pouvait comme elle.

Je le dis donc, et je n'ai pas autre chose à dire, le délit que vous trouvez aux pages 25, 26 et 27 de la brochure n'est pas autre chose que la discussion libre des actes du gouvernement impérial, relativement aux affaires d'Italie. Je le comprends ; si cette discussion vous offusque, c'est uniquement parce que la responsabilité a été déplacée ; un ministre responsable, attaqué dans les mêmes termes, se défendrait, s'il le pouvait, et ne demanderait pas une répression aux tribunaux correctionnels. Vous ne verrez donc pas dans ce langage une excitation à la haine et au mépris du gouvernement ! Une protestation vive, énergique, contre une certaine conduite politique n'a jamais été une excitation à la haine et au mépris. Si je voulais dresser, moi, un acte d'accusation contre des orateurs, pour avoir cherché pendant dix ans à exciter à la haine et au mépris, soit de la révolution de Juillet, soit de la famille d'Orléans, cela me serait infiniment plus facile ; mais cela n'est pas mon rôle. Je puis dire seulement, après les vives paroles échappées au ministère public, que le tribunal condamnerait implicitement la libre discussion qui a eu lieu au Sénat et au Corps législatif, s'il frappait M. Dumineray pour avoir publié la même chose dans la brochure de M. le duc d'Aumale. Il ne me reste plus, pour que la partie de la défense dont je suis chargé soit complète, qu'une observation à faire ; mais je la tiens pour importante.

Il y a, messieurs, vous le savez, une règle que nos mœurs se sont imposée, règle de haute morale qui convient admirablement à une société adoucie, épurée par les grands travaux intellectuels des deux derniers siècles et du nôtre : Quand un prévenu est sous la main de la justice, tout le monde fait silence autour de lui et personne ne songe ni à l'attaquer, ni à le défendre ; ce n'est pas sous l'impulsion de ce sentiment vulgaire qui porterait à prendre toujours parti pour l'accusé contre l'autorité qui l'accuse : non, mais le spectacle d'un seul homme luttant contre la société qui le poursuit impose la réserve aux consciences les moins délicates, et leur dit qu'elles ne peuvent se faire l'auxiliaire du ministère public, attaquer le prévenu et créer autour des magistrats qui doivent le juger une sorte d'opinion publique factice qui pourrait les entraîner à une sévérité que, sans cela, ils n'auraient pas eue.

Pour les prévenus qui sont devant vous il n'en a pas été ainsi. Toutes les règles de la pudeur publique ont été foulées aux pieds. Le prince Napoléon avait dit, dans sa lettre, publiée par le *Siècle : Etouffer* n'est pas *répondre*. C'était bien. *Etouffer*, vous savez ce que cela veut dire, ce n'est pas mon langage, mais celui du Prince ; cela voulait dire : saisir et *poursuivre*. Etouffer, dit-il, n'est pas répondre. Eh bien, après sa lettre écrite, malheureusement on a dit : Il faut, tout à la fois, étouffer et répondre, cela vaut bien mieux ; et alors, en même temps qu'on poursuivait, ce que le Prince appelle étouffer, on répondait par je ne sais quelle quantité de brochures.

M. LE PRESIDENT. Le tribunal ne connaît pas les réponses, il est inutile d'en parler.

Me DUFAURE. Je veux absolument en parler, le tribunal verra qu'elles entrent dans ma défense.

M. L'AVOCAT IMPÉRIAL. Elles ne peuvent pas entrer dans l'attaque.

M. LE PRÉSIDENT. Nous ne les connaissons pas.

Me DUFAURE. Je les connais, elles circulent en grand nombre. Puisque M. l'avocat impérial n'en conteste pas l'existence, cela me suffit pour en parler.

Voilà donc des réponses qui ont été faites, et puisque vous ne les connaissez pas, permettez-moi de vous en dire quelques mots. Vous savez qu'il y a à Paris une fabrique mystérieuse de brochures anonymes, qui souvent n'ont produit aucun effet, mais qui quelquefois ont étonné la France et inquiété l'Europe. Cela est historique. Tout le monde sait à quel point elles préoccupent l'opinion publique. Ce n'est pas toujours une brochure signée qui a le plus d'autorité ; de nos jours, c'est quelquefois une brochure anonyme. Sur les neuf que j'ai dans les mains, il y en a sept qui sont anonymes ; leurs auteurs n'ont pas osé signer. Ces brochures se sont ainsi répandues à la faveur de l'anonyme. Il y en a deux qui sont signées, l'une par le comte Ernest de Vonrout. Personne n'a pu me dire ce qu'était le comte de Vonrout ; on dit que c'est un pseudonyme, ce qui ne vaut pas mieux que l'anonyme. L'autre est signée par un publiciste connu, par un écrivain habile qui dirigeait le principal journal d'Alger, pendant l'administration du prince Napoléon, et qui a quitté la colonie lorsque le ministre a changé, et a même, je crois, été condamné.

Voilà ces neuf brochures, qui ont été publiées à un grand nombre d'exemplaires ; le tribunal verra bientôt l'intérêt que j'ai à en parler. Je dois dire en passant que, pour mieux se répandre, l'une est intitulée, ce n'était pas bien difficile à trouver : *La brochure du duc d'Aumale ;* de manière que, grâce à cette petite supercherie, toute l'édition a été promptement épuisée, et qu'on a été obligé d'en faire une seconde.

Que disent ces brochures ? Elles sont écrites, l'une, au point de vue légitimiste, les autres paraissent dictées par je ne sais quel radicalisme napoléonien que j'ai peine à comprendre, qui est au-dessus de ma portée.

Quoiqu'elles soient toutes fort agressives contre la brochure saisie, je ne puis pas dire que tout y soit blâmable. Il y a certainement des parties auxquelles on pourrait donner son adhésion; elles s'entendent, en général, pour donner un conseil à l'empereur. Il s'est trop entouré, dit-on, des hommes qui ont servi la révolution de Juillet. Ce sont des épaves, ainsi les appellent-ils, des derniers gouvernements. Il ne régnera véritablement que lorsqu'il les aura tous renvoyés, ministres sans portefeuille ou à portefeuille, procureurs généraux ou préfets. D'autres attaquent le gouvernement de Juillet; je ne leur conteste pas ce droit, mais ils y mêlent des calomnies, ce qui me semble moins honorable. On y critique la liberté, on y montre plus de goût pour l'égalité; c'est là, nous dit-on, ce que la révolution de 1789 a entendu proclamer. Elles tendent, en général, à diviser la France en deux partis : la bourgeoisie et le peuple ; l'une, dit-on, qui regrette le gouvernement de Juillet, qui a voté pour le général Cavaignac ; l'autre, qui adore le régime impérial. Mais voici pourquoi ces brochures me blessent, et pourquoi j'ai voulu vous en parler : en répondant à M. le duc d'Aumale, elles altèrent ses opinions, elles défigurent tous les passages de sa brochure, et comme sa brochure ne circule pas, et que ces écrits circulent à milliers d'exemplaires, tous ceux qui les lisent et apprécient la lettre du duc d'Aumale par la singulière traduction qu'on en fait dans les écrits qui prétendent lui répondre, tous ceux-là sont complétement trompés sur les sentiments de M. le duc d'Aumale. En même temps qu'ils lui reprochent de ne pas faire de profession de foi, ils disent que sa brochure est un manifeste; le mot a été copié dans la lettre du Prince, un manifeste de parti. Ils lui prêtent des sentiments que jamais il n'a exprimés; à la lecture de ces écrits, il serait impossible de ne pas croire, car on ne peut pas imaginer que la mauvaise foi aille aussi loin, qu'en effet le duc d'Aumale s'est exprimé dans les termes qu'on lui prête.

Tenez, en voici un qui lui adresse ces paroles :

« Monsieur le duc, vous avez toujours été brutal envers le soldat, parce que vous ne l'avez jamais compris, et, sans doute, en écrivant, vous vous êtes figuré tenir encore sa gorge sous votre talon constitutionnel. Vous vous êtes trompé, on ne salit plus impunément aujourd'hui l'uniforme français. Prenez garde ! il y a telles insultes que le soldat n'a pas le droit de pardonner, et si tous ses respects sont acquis à des princes malheureux, lors même qu'ils sont tout autre chose que des vaincus, n'oubliez pas que vous lui enseignez vous-même à mépriser ceux qui se vautrent dans la boue pour se donner le malin plaisir d'éclabousser les voisins.

» Prenez garde ! et si jamais vos rêves, à peine déguisés de coalition, venaient à se réaliser ; si vos menaces prenaient un corps, si vous veniez à tenter de renouveler *les brigands de la Loire,* afin de pouvoir rejeter ensuite sur eux l'ignominie de votre invasion ; en un mot, si vous décidiez l'étranger à marcher avec vous ; — croyez-nous, monseigneur, oubliez dans ce moment-là que vous fûtes assez grand capitaine pour vous permettre de donner des leçons de stratégie au premier des Napoléon, et, pour ne pas faillir à la tradition, retenez votre place dans l'un des derniers fourgons. »

Ce que je viens de lire est anonyme, vous l'avez deviné.

D'autres disent que le duc d'Aumale a prêché la contre-révolution, qu'il ne demande pas autre chose, et enfin on proclame contre lui je ne sais quels autres reproches. Je les trouve ignobles, parce qu'on falsifie sa brochure, pour les lui adresser, et qu'on a attendu le moment où son écrit était étouffé, et où le discours du prince Napoléon avait reçu la plus éclatante publicité pour répandre ces calomnies.

Eh bien, qu'est-ce que je vous dis en présence de cette situation ? Cette simple chose que vous comprendrez et que tout homme d'honneur comprendra : il est impossible qu'on soit diffamé de cette manière, que tantôt on le fasse partisan de la contre-révolution, tantôt de l'invasion, les deux choses qui certainement répugneraient le plus à son cœur comme au mien. Enfin, messieurs, c'est quelque chose de grave que d'interdire les publications de sa brochure en présence de ces traductions infidèles et calomnieuses. Que demandé-je ? non pas que ces brochures soient interdites, non pas que des poursuites soient dirigées contre elles, à Dieu ne plaise ; je ne songe à rien de pareil. Je demande la chose du monde la plus simple, que pour se défendre elle-même la lettre de M. le duc d'Aumale puisse circuler à côté de ces réponses, en toute liberté. Je ne suis pas chargé de défendre M. le duc d'Aumale, je n'ai pas cet honneur, je défends M. Dumineray ; mais enfin je me mets à la place de l'écrivain : placé entre un discours qui provoque sa réponse et neuf pamphlets qui s'attachent à la dénaturer. Ma vie ne se compose pas seulement de mes actes matériels, elle ne consiste pas tout entière dans mes actions extérieures, elle est encore plus dans la pensée qui les dicte, dans les sentiments qui les animent. Si j'ai mis au jour ces pensées, ces sentiments, je ne puis souffrir qu'on les altère, qu'on les dénature, qu'on me fasse autre que je ne suis, en m'attribuant des paroles que je n'ai pas prononcées, des sentiments que je n'ai pas exprimés. Je ne suis pas trop exigeant en réclamant comme un droit la liberté de présenter, d'exposer aux regards du public mes vraies paroles, mes vraies pensées, mes vrais sentiments, pour les laisser se défendre par eux-mêmes. Je sens que c'est un droit, et on ne peut, sans violence, m'en priver. Voilà ce que je demande pour M. le duc d'Aumale et pour M. Dumineray, son publicateur, rien autre chose que ce que je demanderais pour moi-même, à moins qu'on ne me dise que l'écrit que je veux répandre est suspect parce qu'il est d'un exilé. Une défense légitime devient ainsi le manifeste d'un Stuart conspirant à l'étranger.

Cela me rappelle un passage d'un écrivain très-haut placé, que je demande au tribunal la permission de lui lire, il sera le dernier mot par lequel se terminera ma plaidoirie :

« Prends garde, dit-il à l'exilé, à chaque pas que tu fais, à chaque mot que tu prononces, à chaque soupir qui s'échappe de ta poitrine, car il y a des gens payés pour dénaturer tes actions, pour défigurer tes paroles, pour donner un sens à tes soupirs !

» Si l'on te calomnie, ne réponds pas ; si l'on t'offense, garde le silence, car les organes de la publicité sont fermés pour toi, ils n'accueillent pas les réclamations des hommes qui sont bannis ; l'exilé doit être calomnié sans répondre, il doit souffrir sans se plaindre ; la justice n'existe pas pour lui. »

Messieurs, ces douloureuses paroles : « Si l'on te calomnie, ne réponds pas, garde le silence ; l'exilé doit être calomnié sans répondre, il doit souffrir sans se plaindre, » je les comprends comme des plaintes amères échappées du cœur de l'exilé, je ne les concevrais plus si on voulait les transformer en une sorte de programme de gouvernement, et de règle de justice sous le règne de l'exilé devenu empereur. (*Mouvement prolongé.*)

Plaidoirie de Mᶜ Hébert.

Je ne crois pas m'abuser en disant que les paroles que vous venez d'entendre ont déjà grandement avancé notre défense commune. Si l'écrit qu'on vous demande de condamner n'a été, comme nous le croyons, comme on vous l'a éloquemment démontré, que la protestation indignée, mais noble et légitime, contre une violente et injuste agression, qu'une réhabilitation de la vérité altérée, méconnue et de l'histoire défigurée et travestie, nul de ceux qui auront prêté leur concours à cette œuvre de pieuses représailles et de juste réparation, l'imprimeur avant tout, lui dont le devoir, pour ne parler ni de son droit ni de ses intérêts, est de propager par les moyens que la loi met à sa disposition tout ce qui est juste, tout ce qui est bon, tout ce qui est vrai, ne devra encourir aucune condamnation. Je place donc tout d'abord la cause de l'imprimeur Beau sous la protection des grandes vérités qui vous étaient dites tout à l'heure au nom de la politique, de la justice et de la raison. Je la place aussi sous l'égide d'une autre parole, éloquente dans sa simplicité, celle de l'imprimeur lui-même, lorsqu'il a été interrogé devant M. le juge d'instruction : « J'ai
» considéré, a-t-il dit, cette lettre comme une défense ne
» pouvant constituer aucun délit, et j'ai pensé que le gouver-
» nement était assez fort pour laisser un fils exilé prendre la
» défense de son père. Ce sont les impressions que j'ai éprou-
» vées en lisant rapidement la brochure. Je ne pensais pas et
» je ne pense pas encore qu'on puisse y trouver le délit qui
» m'est imputé. »
Telle est la défense personnelle qui, au premier moment de la poursuite, était présentée avec simplicité, sans préparation aucune, par l'imprimeur que je viens défendre à mon tour.

Un mot du réquisitoire de M. l'avocat impérial donnerait à penser qu'il était entré autre chose dans les réflexions, dans les calculs de l'imprimeur. Je m'empresse, au nom de la vérité, et M. Beau l'aurait fait lui-même, si je ne l'avais assuré que le tribunal l'approuvait de s'en remettre à ma parole ; je m'empresse de relever ce qu'il y a d'exagération involontaire dans cette interprétation du magistrat : Ce que répondait M. Beau, c'est que dans toutes les publications qui touchaient à la politique, même après avoir pris le plus grand soin de s'assurer qu'aucun délit n'existait, qu'aucune condamnation ne pouvait l'atteindre, l'imprimeur, à raison de la nature spéciale de ce genre de publication, des susceptibilités qu'il peut faire naître, des mesures qu'il peut amener ; l'imprimeur qui n'a le droit de rien risquer, de rien exposer de sa fortune, parce que c'est le patrimoine, c'est le pain de chaque jour de ses enfants, a toujours le soin de convenir que la condition première de la publication, après examen, c'est qu'il sera garanti pécuniairement de tous les dangers qu'elle peut susciter, soit de la part de l'administration, soit de la part de la justice. Beau avait ajouté une autre condition également rapportée dans son interrogatoire, c'est que toutes les formalités prescrites par la loi pour que l'autorité ait le temps d'examiner la publication, d'en prévenir au besoin la distribution, de prendre toutes ses dispositions de police, seraient remplies sérieusement, et que tous les délais seraient observés. Il le demandait, non par suite d'aucune défiance, mais parce qu'il voulait, comme ceux qui l'employaient, agir loyalement, franchement, et parce qu'il était dans sa pensée, si dans les vingt-quatre heures qui devaient s'écouler avant la publication proprement dite, l'autorité instruite par le dépôt jugeait à propos d'élever une réclamation, d'être le premier à humilier ses lumières et ses appréciations personnelles devant des lumières et des appréciations supérieures. Voilà ce que j'avais à dire en ce point de la défense personnelle de mon client.

Mais après ces simples observations, après que vous avez recueilli, avec toute l'attention et l'intérêt qu'elles méritent, les observations générales et puissantes qui vous ont été présentées par mon honorable collaborateur dans cette défense, il reste peut-être à examiner ce qu'il faut dire de ce procès au nom des principes et de la loi ; car c'est au nom d'une loi précise, positive, que nous sommes appelés devant vous, loi qui caractérise et détermine, autant qu'il était possible de le faire, ce qui constitue le délit d'excitation à la haine et au mépris du gouvernement, délit pour lequel nous sommes poursuivis.

Deux mots d'abord pour confirmer cette observation présentée tout à l'heure par M⁰ Dufaure, que, dans la brochure dont il s'agit, pour l'ensemble comme pour les quatre passages incriminés, ce genre de délit n'avait, dans le principe, frappé l'attention de personne. On vous en a cité des preuves que j'appellerais extra-judiciaires et qui sont bonnes à recueillir, car tout ce qui atteste l'opinion publique, l'opinion générale, celle des magistrats et des agents qui surveillent, est d'un grand poids ; cela ne lie pas votre appréciation, qui reste entière, ce n'est pas douteux ; mais enfin pour rechercher la vérité, vous allez puiser à toutes les sources d'information. Eh bien, voici deux faits que j'appellerai judiciaires et que j'ai trouvés dans le dossier même dont il m'a été donné communication.

C'est d'abord une lettre du commissaire de police qui avait été chargé de saisir la brochure, et qui, rendant compte des démarches qu'il a faites et des mesures qu'il a prises en vertu de l'ordonnance du juge d'instruction, écrit positivement à M. le procureur impérial qu'il a procédé, en vertu d'une ordonnance, contre M. Dumineray, *inculpé d'offense publique envers un prince de la famille impériale*. C'est en effet ce qui avait frappé tout d'abord ; car, qu'il y ait dans la lettre, sinon offense, selon l'acception légale de ce mot, du moins des paroles vives et graves, résultat d'une lutte qui s'engage entre des sentiments, des opinions et des situations parfaitement opposées, c'est ce qui n'est pas contesté, c'est ce que le prince Napoléon a cru lui-même quand il a exprimé plus tard que, pour ce qui le touchait personnellement, il ne jugeait pas à propos d'obtenir aucune réparation des offenses qu'on jugeait lui avoir été faites.

Voici un autre document, non moins grave. Vous avez deux inculpés devant vous ; vous avez failli en avoir trois. Un journal de Lyon, le *Courrier*, si je ne me trompe sur le nom, avait reproduit dans ses colonnes, non pas toute la brochure, mais le plus grave, dit-on, ou l'un des plus graves des passages incriminés ; c'était, je crois, le dernier finissant par ces mots :

« Vous rêvez de grands bouleversements en Europe ; mais
» je forme un vœu pour la France. C'est que mon pays sorte
» d'un état où il peut être lancé dans des entreprises qu'il
» n'a pas approuvées à l'avance, où il peut s'endormir sous
» le régime de la protection et se réveiller dans les bras du
» libre-échange, passer sans transition de la paix à la guerre,
» de la prospérité à la ruine ; c'est enfin qu'il soit délivré *du*
» *bon plaisir*, quelle que soit la forme sous laquelle on en a
» déguisé le retour. Quand la nation, quand chaque Français
» jouira de la même sécurité, de la même liberté, de la même

» inviolabilité, alors on aura droit d'inscrire, en tête de notre
» Constitution, les principes de 1789, dégagés des utopies
» de 1791, des crimes de 1793 et de l'hypocrisie d'une autre
» époque. »

Ce journal a été saisi; on a voulu d'abord que l'article qu'il contenait ne pût être porté à la connaissance d'un nombre considérable d'abonnés et de lecteurs ; puis, quand on a eu examiné, on a déclaré qu'il n'y avait pas lieu à suivre. Pourquoi cela? Comment peut-il se faire que cette partie d'une brochure qui, tout entière, amène devant vous l'imprimeur et l'éditeur, ne soit pas poursuivie contre le journal? Je n'en fais pas un reproche, et personne ne se méprend sur ma pensée ; j'en loue le ministère public et le premier degré de juridiction; mais je dis : Le délit n'existe donc pas; car, s'il existait, pourquoi le rédacteur en chef du journal et le gérant qui ont imprimé et publié ce passage ne sont-ils plus poursuivis? S'il y a quelque chose dont nous devions être en possession, aujourd'hui comme dans tous les temps, c'est l'égalité de tous devant la loi. Où est donc la raison de différence entre les deux situations? Quelqu'un qui voudrait chercher de mauvaises interprétations à toutes choses examinerait peut-être la couleur du journal si favorablement traité, et si en le poursuivant on n'eût pas risqué de faire condamner un ami. Je n'ai pas, quant à moi, cette pensée; il ne faut pas l'avoir, puisqu'enfin après la condamnation on aurait eu tous les moyens possibles de la rendre légère en l'effaçant ou en l'atténuant. C'est donc qu'on a pensé qu'un délit de cette nature, celui d'excitation à la haine et au mépris du gouvernement, dépendait surtout des situations et des circonstances, de l'ensemble des faits auxquels il venait se mêler; et comme on trouvait apparemment une satisfaction dans la publication faite par le journal avec cette annonce : « Qu'une brochure
» amère avait été saisie, » mot qui pourtant eût dû indiquer au journaliste qu'il ne devait pas publier, on a jugé qu'il n'était pas suffisamment établi que le journaliste eût voulu exciter à la haine et au mépris du gouvernement. Le délit est donc extrêmement élastique; on peut donc le voir ou ne pas le voir dans tel écrit, distinguer entre les publicateurs, renvoyer celui-ci, et quant à ceux-là les mettre en situation de s'expliquer devant la justice. Voyons donc maintenant nos explications.

En droit, d'après nos lois, qu'est-ce que le délit d'excitation à la haine et au mépris du gouvernement? Qu'est-ce que le délit en lui-même, et qu'est-il surtout au regard de l'imprimeur? Car c'est là ma cause, et je n'oublierai pas, en présence d'autres pensées qui peuvent occuper mon esprit sur un pareil sujet, la situation plus humble et tout aussi honorable qui m'est faite quand je défends devant vous la liberté, la fortune, la profession du laborieux artisan qui m'a confié ses intérêts et ceux de sa famille.

Ce délit d'excitation à la haine et au mépris, on l'a dit depuis longtemps, se sent plus qu'il ne se définit. L'appréciation, se résolvant en pénalités, offre par là même les plus sérieuses difficultés et le plus grave danger, celui de l'arbitraire, et des préoccupations personnelles et de circonstance. Sous les gouvernements et les législations du passé, des correctifs avaient été, avec grand soin, apportés aux lois qui créaient ce délit. On avait ajouté à la loi du 25 mars 1822 cette disposition très-expresse :

« La présente disposition ne peut porter atteinte au droit
» de discussion *et de censure* (je vous prie de remarquer le
» mot) des actes des ministres. »

Les ministres constituaient alors, quant à cette discussion, à cette censure, comme pour l'administration du pays, ce qu'on appelait le gouvernement.

La loi du 11 août 1848, qui est celle qui nous régit aujourd'hui, le régime actuel l'ayant conservée, contient absolument la même disposition, et la discussion de cette loi, par un commentaire encore plus précis, plus explicite que ce qui avait été dit jusqu'alors, a montré que tout ce qui était critiqué, censuré, blâmé, même avec vivacité, avec amertume, était permis contre les actes du gouvernement et n'emportait pas nécessairement l'idée d'excitation à la haine et au mépris du gouvernement.

Cette censure, à toutes les époques, se rencontre non pas seulement dans les mots, mais dans la plus sérieuse réalité des choses. Je ne veux vous citer que quelques autorités toujours bonnes à consulter en pareille matière.

Voici ce que dit d'abord un auteur, recommandable, magistrat du ministère public, M. Chassau, alors premier avocat général :

« Le délit prévu par l'art. 4 de notre loi de 1822 est, il faut

» l'avouer, moins caractérisé que quelques-uns de ceux
» énoncés dans les paragraphes précédents, et il pourrait prêter
» singulièrement à *d'arbitraires et funestes interprétations*. Sous
» prétexte de l'excitation à la haine contre le gouvernement,
» toute liberté de discussion, de controverse et de critique
» pourrait être paralysée ou confisquée ; aussi ce même
» art. 4 ajoute-t-il que « *cette disposition ne peut porter atteinte*
» *au droit de discussion et de censure des actes des ministres.*
» Le projet ne contenait pas cette disposition qui fut ajoutée
» par la commission de la Chambre des députés. Malgré le
» silence du projet sur ce point important, le garde des
» sceaux, M. de Serres, dans son exposé des motifs, avait
» néanmoins reconnu ce droit : « Vous ne craindrez pas,
» disait-il, de confondre avec ce délit *la censure légitime* des
» actes du gouvernement ; il n'est que trop vrai que les lois
» rendues peuvent être mauvaises, *funestes même ; il est vrai*
» encore que de bonnes lois *peuvent être mal exécutées, ou, ce*
» *qui pis est, enfreintes. Il est de notre droit public* que ces
» erreurs ou autres semblables puissent être librement criti-
» quées ; mais qu'il sera facile dans cette critique, de distin-
» guer du vil libelliste qui ne respire qu'anarchie et destruc-
» tion, le citoyen courageux qui ne blâme que par des motifs
» de devoir et d'intérêt ! »

« Mais malgré cette déclaration, continue M. Chassau, et
» quoique ce droit de discussion des actes des ministres soit
» réellement de l'essence des gouvernements constitutionnels,
» comme il n'était écrit dans aucune loi, il importait qu'il fût
» positivement consacré, et c'est ce que firent les Chambres
» en ajoutant le second paragraphe de la loi. »

En 1835, lorsque parurent ces lois si bien réhabilitées
aujourd'hui, après avoir été si cruellement, si injustement
attaquées par ceux-là mêmes qui nous ont donné la législation
dont nous jouissons maintenant ; en 1835, voici ce que disait
M. le duc de Broglie, alors président du conseil :

« Liberté entière de discussion, telle qu'elle existe aujour-
» d'hui sur tous les sujets, permis à tout le monde de faire de
» l'opposition contre le gouvernement. Le projet de loi ne
» nous protége en rien, ni nous, ni nos actes ; nous restons
» pleinement à découvert, ou plutôt nous couvrons, comme
» c'est notre devoir, le roi de notre corps. Quand on cessera
» de s'en prendre à la monarchie constitutionnelle,... c'est à

» l'administration qu'on s'adressera. » « La liberté de la
» presse, disait le garde des sceaux, M. Persil, dans son
» extension la plus absolue, embrasse l'examen de tous
» les actes du pouvoir, *quels qu'en soient les agents responsa-*
» *bles.* »

Messieurs, voilà les principes, ils n'ont pas changé; c'est la
même loi qui nous régit; ils n'ont changé, je le répète, ni
quant à la nécessité de réprimer le délit d'excitation à la haine
et au mépris du gouvernement lorsqu'il existe, ni quant à la
nécessité non moins grande, et j'oserai dire plus grande, de ne
pas empêcher une discussion, une censure qui reste dans les
limites convenables; car un gouvernement peut bien subsister
devant un délit qui n'a pas été poursuivi ou réprimé, devant
un abus de la presse commis envers lui, devant plusieurs délits, plusieurs abus; mais la liberté la plus précieuse, celle de
la discussion, celle de la censure, celle du blâme quand il est
fondé, quand il est juste, motivé, si elle était une fois inter-
dite dans un cas où elle ne devrait pas l'être, elle le serait par
la force des choses pour toujours, et l'on aurait alors fait périr
une des plus vivaces et des plus indispensables franchises, une
des garanties les plus précieuses d'un pays, quelle que soit
sa forme de gouvernement...

Je dis que les principes sont les mêmes soit pour la répression quand elle doit avoir lieu, soit pour ce que je n'appellerai
pas la faculté, mais le droit, le devoir de la censure, de la
critique, de la discussion la plus ample, car je ne m'arrêterai
pas plus que mon honorable confrère aux changements qui
sont survenus dans le régime constitutionnel de la France; je
dirai comme lui que si aujourd'hui les ministres ne forment
plus un conseil responsable envers le pays, s'ils ne sont plus
que des agents élevés, responsables seulement envers un autre
pouvoir que la nation, c'est parce que la responsabilité a été
déplacée, pour être reportée ailleurs, dans une sphère plus
haute. Que pour cela il devienne prudent de faire plus d'attention à ses paroles, de prendre plus de précautions pour
exprimer sa pensée, je le veux; mais le droit reste le même,
absolument le même; car, en soi, le droit de censure, de critique, de discussion ne comporte pas de plus ou de moins, *il*
est ou il n'est pas. Là où il ne dégénère pas en délit, vous ne
pouvez le restreindre ni quant aux actes critiqués, ni quant à
la personne de qui ils émanent, puisqu'elle s'est rendue consti-

tutionnellement responsable de tous les actes de son gouvernement.

Cette théorie vraie, je ne l'imagine pas, messieurs, elle est écrite dans le préambule de la Constitution. Nous avons assez vu, par ce préambule, que c'était surtout par là que l'auteur de la Constitution nouvelle prétendait avoir apporté à la France mieux que ce qu'elle avait eu auparavant. Il disait à la France : Désormais, c'est à moi que vous demanderez compte de toutes choses. *Me, me adsum qui feci.* Ce n'est pas à d'autres que devront s'adresser vos plaintes ou vos éloges : n'allez pas égarer vos discussions, vos censures sur des agents que je choisis, que je révoque à volonté et qui ne sont que les exécuteurs obéissants de nos ordres. Voilà ce qu'on a dit ; et ce n'est pas seulement dans le préambule de la Constitution, (quelque graves que soient de telles paroles sortant d'une telle bouche et descendant d'un point si élevé), qu'on trouve cette assurance, c'est, cela vaut mieux encore, dans les art. 2, 3, 4 et 5 de la Constitution. Il ne peut donc pas être contesté qu'aujourd'hui, non-seulement parce que la loi le dit, mais parce que cela ressort de la nature des choses, nous avons, nous devons avoir le droit de discussion et de censure le plus complet, le plus absolu, le plus illimité sur tous les actes du gouvernement, droit qui ne peut trouver d'autres bornes que l'existence et la preuve d'un délit, c'est-à-dire le mensonge, c'est-à-dire l'attaque personnelle, offensante, c'est-à-dire le dénigrement systématique et de mauvaise foi qui seuls constituent l'excitation à la haine et au mépris du gouvernement. Donc, que nous prenions un acte seul, que nous en prenions plusieurs, que nous les prenions tous, que nous séparions les actes des personnes, ou que nous les réunissions, comme il est impossible de ne pas le faire à la personne de qui ils sont émanés, nous avons le droit de discuter, de censurer, de blâmer, de critiquer de la manière la plus ferme et la plus vive ; nous l'avons comme nous l'avons toujours eu, et si nous n'en usons guère, c'est que nous ne le voulons pas, en nous arrêtant devant le découragement ou devant des frayeurs irréfléchies. Il ne faut pas, messieurs, que ces terreurs que j'appelle imaginaires, deviennent des terreurs réelles et trop fondées, par le résultat de jugements qui, dans des circonstances aussi solennelles que celle qui se présente aujourd'hui, viendraient, tout en semblant concéder le principe

inscrit dans le second paragraphe de l'article 4 de la loi
de 1848 ou de la loi du 25 mars 1822, nier dans la réalité,
supprimer par le fait, ce droit impérissable, cette liberté si
essentielle de discussion, de blâme, de critique et de censure
de tous les actes du gouvernement.

Je disais tout à l'heure qu'heureusement dans cette question où sont en présence le droit de répression que je ne nie
pas, et le droit de discussion et de censure qu'on ne peut pas
nier, ce n'est pas seulement la loi de telle ou telle époque qui
nous protége; mais que nous avons pour nous la nature même
des choses; il importe bien de le constater, parce qu'enfin la
nature des choses n'est ici que ce qui appartient de droit à la
nature humaine; et toutes les fois qu'il s'agit pour une nation
de l'exercice d'un droit qui n'est pas arbitraire, qui n'est pas
positif, que nous ne tenons pas de la concession d'une loi,
d'un régime, d'un prince dont l'existence peut être passagère,
ou dont les résolutions peuvent changer, le citoyen qui use
de ce droit est plus porté que lorsqu'il s'agit de droits acci-
dentels et concédés à en user librement, comme nous sommes
tous naturellement portés à user librement, largement, sans
défiance, des droits, des facultés qui nous sont départis par
la nature elle-même. Eh bien! ai-je raison de dire que c'est
un droit naturel, primitif, inaliénable, que ce droit de critique,
de discussion, de blâme, de censure des actes du gouvernement? *De censure*, je répète le mot, parce qu'il exprime au
plus haut degré tout ce que permet, tout ce que peut admettre,
tout ce qu'autorise, tout ce que commande même, dans certains cas, au citoyen dévoué aux intérêts de son pays, cette
faculté, ce droit de discuter, de blâmer, de critiquer, de censurer les actes du pouvoir.

Dans l'ancienne Rome, dont on nous écrit si souvent, et je
pourrais dire si étrangement l'histoire, dans l'ancienne Rome,
on avait élevé ce droit, pour ce que comportaient les temps,
au rang d'une institution publique. Il n'y avait ni journaux,
ni brochures, il y avait la parole, il y avait une action officielle.
Un magistrat spécial avait été institué pour la censure, tant on
sentait le besoin de signaler, d'arrêter les abus; tant on craignait cet entraînement auquel nul homme tout-puissant ne
résiste. On avait cru qu'il fallait qu'à côté des consuls, du
sénat, des tribuns eux-mêmes, il y eût le censeur, magistrat
chargé non-seulement de faire le cens, mais d'avertir et le

sénat, et les chevaliers, et les consuls, et au besoin de noter d'infamie, c'est le mot dont on se servait alors, ceux qui auraient manqué à leurs devoirs envers les lois, envers la république. Lorsque l'ancienne Rome vit s'opérer chez elle une de ces transformations subites qui annoncèrent la ruine de ses vieilles institutions, Jules César lui-même conserva la censure. Il avait à côté de lui un censeur. Je n'ai pas à examiner dans quelle plénitude ce gardien des libertés publiques remplissait son office, mais ce que je sais, c'est que le neveu de César, le successeur de sa puissance, n'osa pas ou ne voulut pas supprimer cette institution salutaire : seulement, en même temps qu'il se faisait consul pour continuer les anciennes formes républicaines, il se faisait aussi censeur, et les choses restèrent ainsi pendant une longue succession d'empereurs ; ce ne fut que lorsque d'autres, les plus mauvais, n'en furent plus à rougir de leur despotisme ni à prendre la peine de le déguiser, qu'ils supprimèrent ce vestige d'un passé dont le nom seul, alors même que la chose n'existait plus, semblait accuser leurs excès, leurs violences et leur indignité !...

Ai-je besoin de dire à des magistrats aussi éclairés que, sous l'ancienne Constitution de la France, nos parlements exerçaient ce droit de censure, et que leurs censures qui, sous le nom de remontrances, s'adressaient bien directement au prince, puisque le prince avait aussi la plénitude du pouvoir, étaient publiées, répandues par les moyens de publicité qui existaient alors, moins grands, moins étendus que ceux dont nous pourrions jouir de nos jours, mais enfin se proposant le même but et marchant aux mêmes résultats ?

Aujourd'hui, comment pouvons-nous exercer ce droit qui nous est maintenu par la loi ? L'aurons-nous par le Sénat ? Sans doute, le Sénat est investi, comme le Sénat du premier empire, du droit de signaler et de réprimer les actes inconstitutionnels. Mais je n'ai pas besoin de dire que les actes mauvais pour un pays, les actes blâmables se font aisément, on pourrait dire, l'histoire à la main, se font presque toujours dans les limites apparentes et à l'abri des constitutions : l'action du Sénat peut être un *Palladium*, mais seulement pour des cas extrêmes, préludes de révolutions, auxquelles nous ne voulons pas songer, à Dieu ne plaise : et alors qu'il s'agit de l'administration de tous les jours, de la conduite des affaires intérieures, des affaires extérieures du pays, ne parlons pas de révolutions, de violations, de l'acte constitutionnel : car en dehors de ces extrêmes, pour les actes exécutés par tel préfet, par tel ministre, et dont le gouvernement est responsable, le Sénat ne peut rien... Et comment pourraient-ils être critiqués, discutés, blâmés, censurés, si nous n'avions pas dans la main, par la voie de la presse, en recourant à un imprimeur, à un éditeur, qui se sont assurés l'un et l'autre que nous ne faisons qu'user du droit de discussion et de censure ; comment, dis-je, aurions-nous le moyen de faire arriver nos pensées, de communiquer nos impressions, nos jugements, de demander les redressements auxquels nous croyons avoir droit, soit dans notre intérêt personnel, soit, ce qui est plus beau, dans l'intérêt général du pays ?

Le Corps législatif est aussi un grand pouvoir sans doute, en qui je mets présentement ma confiance et mes espérances ; mais ses attributions sont limitées, le droit d'amendement même ne lui appartient pas ; son droit ne s'exerce que sur des matières restreintes et dans des temps et à des époques déterminés.

Où est donc le droit de discussion, le droit de critique, le droit de censure que nous avons reconnu être inhérent à la nature, à la situation de l'homme en société, et qui nous est garanti et par la loi et par la Constitution, où est-il ? Il n'est pas dans les journaux, j'imagine. Je n'ai rien à dire contre les lois sur la presse, contre le décret dictatorial, c'est ainsi qu'il est nommé, du 17 février 1852 ; ce n'est pas le cas ni le lieu d'en parler. Je prends ce régime de la presse comme un fait présentement appuyé sur la puissance législative et constitutionnelle ; je m'incline dès lors et je le respecte ; mais plus je le respecte, plus je mesure les facultés qu'il a cru devoir m'enlever. Ainsi, je lis dans le décret, qu'aussitôt que j'ai fait un article que le préfet juge être trop vif, le journal est averti ; et si le journal est averti une seconde, une troisième fois, le voilà supprimé. Il n'est pas même besoin des trois avertissements, le journal peut être supprimé par un décret qui émane d'une autorité plus élevée incontestablement, d'une autorité souveraine et responsable, mais enfin par un acte de l'autorité. Demandez donc au journal voisin, à supposer qu'il soit un ami, de venir discuter, le lendemain, la convenance et la justice de cette suppression. Il faut donc qu'il y ait un autre moyen de discussion et de censure. Il n'y en a plus qu'un, et je mets beaucoup d'insistance à le faire demeurer constant : cette insistance, je ne l'aurais pas eue d'abord, mais je déclare qu'elle m'est venue à la pensée comme un devoir à remplir, en entendant quelques-unes des paroles de M. l'avocat impérial. Il a cru devoir rattacher la brochure qui fait l'objet du débat à un système de publications, de brochures que, suivant lui, il fallait nécessairement poursuivre, condamner, interdire, comme dangereuses et conçues d'ensemble dans un mauvais esprit. Je me déclare alors singulièrement effrayé et je vois là un redoutable avertissement : car si par cela seul que mes idées se présentent sous forme de brochure, la seule qui m'appartienne désormais, si par cela seul qu'il en paraîtra, à côté de la mienne, quelques jours après, une seconde, une troisième, une quatrième s'appliquant à différents sujets; si parce qu'on soupçonnerait, ce qui ne serait pas un grand crime, après tout, que plusieurs hommes d'intelligence et de cœur se sont entendus, accordés pour traiter différentes questions, toutes d'intérêt public, dans la forme la plus grave, mais en même temps la plus incisive, la plus libérale et la plus propre à fixer l'attention, si tout cela est défendu, que nous restera-t-il? L'article 4 n'est plus qu'une lettre morte qu'il m'est interdit de vivifier.

De tout ceci, messieurs, je tire cette conséquence bien différente de celle que vous recommandait le ministère public : que loin d'être sévères pour les brochures, pour les écrits qui ne sont pas des écrits périodiques, loin d'être sévères au delà de ce que vous commande impérieusement et nécessairement la loi, vous devez au contraire être faciles, indulgents, libéraux, tant que la loi ne vous contraint pas de cesser de l'être; vous ne devez pas poser à l'exercice de notre droit des barrières plus élevées, plus fortes que celles que la loi, dans tous les temps, a établies elle-même. Et pourquoi? Parce que, quelles que soient nos positions diverses, tous nous devons vouloir que les affaires du pays soient bien faites, et pour cela bien examinées et librement discutées; parce que, quelque confiance que plusieurs d'entre nous, le plus grand nombre, je le veux, puisse avoir dans tel administrateur, dans tel ou tel homme public, nous savons tous que l'homme est faible et fragile, qu'il est de son essence d'être incomplet, sujet à l'erreur, à la passion ; que nul ne peut tout voir, tout savoir, tout prévoir ; que les meilleures intentions peuvent ne pas sauver des actions mauvaises, et qu'à la place des bonnes intentions peuvent aussi dans tous les rangs, dans toutes les conditions, dans toutes les situations, se trouver des intentions perverses; que, par cela même, il doit appartenir à tout le monde, à quiconque sait tenir une plume et sait s'en servir avec autorité et loyauté, de signaler l'erreur ou le mal, de les prouver et de les censurer; d'user, en un mot, librement et courageusement de ce droit qui subsiste toujours sous la protection de l'art. 4 de la loi de 1822, de l'art. 4 de la loi du mois d'août 1848 et de la Constitution de 1852.

C'est aussi sous la protection de ces principes, désormais établis devant vous, que je place maintenant la cause de mon client et que je discute les délits qui lui sont imputés comme imprimeur.

Le premier chef est à la page 12 de la brochure.

La prévention paraît n'avoir inculpé que la dernière partie du paragraphe, celle que je vous ai déjà lue dans une précédente partie de ma discussion. Je demande la permission de ne pas rester enfermé dans les quatre lignes sur lesquelles la prévention croit devoir s'asseoir et faire porter ses rigueurs. Ce n'est pas un reproche que je fais, à coup sûr, c'est une faculté parfaitement légitime dont je vous demande l'exercice. Il est clair, sans que je sois obligé de rappeler à ce sujet des paroles célèbres qui sont dans tous les souvenirs, que deux, trois, quatre, cinq, six lignes isolées d'un écrit ne peuvent pas baser une opinion éclairée et surtout une condamnation pénale; ce serait là une injustice, qui ne peut pas être dans la pensée du ministère public, pas plus que dans la vôtre et dans la mienne.

Je demande une autre permission, c'est, alors qu'il est bien certain qu'il s'agit d'une réponse à une attaque, de remettre sous vos yeux l'attaque dans les termes où elle avait été faite. Je ne le ferais pas, M⁰ Dufaure l'ayant fait avant moi, si je n'avais à ajouter, à ce qu'il vous a dit, ceci qui peut mériter quelque attention.

Voici, d'après le compte-rendu qui a été publié par tous les journaux, par le *Moniteur des communes*, affiché à la porte de toutes les mairies de la France, ce qu'avait dit, dans une séance du Sénat, S. A. I. le prince Napoléon :

« M. le sénateur Heeckeren a flétri les membres des familles » royales qui trahissent, dans des moments douloureux, les

» chefs de leurs dynasties. M. le sénateur Heeckeren a eu rai-
» son et je ne puis qu'approuver ses paroles.

» Il est vrai que l'on a vu souvent de ces tristes exemples
» *de désertion*, mais il est vrai aussi que c'est la *famille des*
» *Bourbons* qui les a le plus souvent donnés... *Tels sont les*
» *exemples donnés par Philippe-Égalité et par les d'Orléans.* Rap-
» pelez-vous aussi l'affaire de Bayonne et les trahisons mu-
» tuelles des Bourbons d'Espagne. »

Il paraît, quoi qu'il y ait ici déjà trop de dureté, que les paroles
prononcées avaient été encore plus dures, et le développement
plus offensant. Il paraît que, de même que dans la reproduc-
tion sténographiée du *Moniteur*, les mots *les d'Orléans* ne se
trouvent plus ; de même ces mots qui se trouvent dans le
compte-rendu du Sénat, avaient été suivis de réflexions encore
plus agressives ; et comme ce qui se dit dans une assemblée
telle que le Sénat ne peut pas rester muré, enseveli, c'est à
cela que l'auteur de l'écrit que nous défendons fait allusion
quand il dit (page 11) :

« Dans la première explosion de votre loyauté monarchi-
» que, vous avez voulu envelopper aussi les descendants
» dans l'anathème dont vous frappiez l'aïeul. Le sténographe
» a fait disparaître ce fragment de vos imprécations, et n'ayant
» pas eu la satisfaction de vous entendre, je ne sais pas les
» termes dont vous avez pu vous servir ; je ne connais que ce
» seul mot : les princes d'Orléans. »

Et c'est alors que le Prince, ainsi attaqué dans sa personne,
dans sa famille, dans sa maison, dans toute cette race royale
à laquelle il se fait gloire d'appartenir, relève à la fois et les
attaques que le compte-rendu a rapportées, et les paroles qui,
ayant été prononcées publiquement, bien que non rapportées
par le journal, ne peuvent être niées quand elles sont ainsi
rappelées par une interpellation de prince à prince, et de l'of-
fensé à l'offenseur.

Est-ce dans un intérêt singulier, égoïste ? Est-ce pour lui-
même ? Est-ce pour *les d'Orléans* seuls, comme on les a appelés, que l'auteur de la lettre élève la voix ? Non, c'est d'abord
pour toute la maison de Bourbon ; tant il est vrai que dans
cette noble famille, si des situations diverses, si des appréciations différentes sous le point de vue des grands intérêts et
des grands principes touchant au bon gouvernement du pays,
ont pu diviser les esprits, les cœurs et les sentiments restent

unis par une estime et par une loyauté mutuelles, aussi bien que par le souvenir des liens de parenté. Et quelle est la réponse avant tout? car ce n'est qu'à la fin que se trouvent les quatre ou six lignes incriminées par la prévention.

En ce qui concerne les Bourbons, vous allez voir si la réponse est noble et juste, quelle part on a su faire, en prince qui n'aime que la vérité, aux vertus, aux mérites, aux faiblesses, aux fautes, aux crimes même que pourrait relever l'histoire dans une si longue suite d'hommes et d'événements :

« Vous avez parlé des scandaleuses dissensions intestines
» dont partout les Bourbons ont donné l'exemple. Plus que
» tout autre, la branche cadette de cette maison paraît avoir
» excité votre indignation, et si j'en crois le premier compte-
» rendu de la séance, dans le tableau que vous esquissiez à
» grands traits, les princes d'Orléans formaient un groupe
» sombre destiné à servir de repoussoir à la brillante peinture
» de l'union et des vertus des Napoléon, puisqu'il n'y a plus
» de Bonaparte . . . .
» . . . .
» Je n'ai pas la même horreur que vous pour le passé de la
» France; j'avoue que je l'ai étudié sans que mon amour-
» propre national, aussi vif que le vôtre, ait eu trop à souffrir;
» et je trouve même quelque gloire dans les annales de cette
» antique race, sous l'égide de laquelle un petit royaume com-
» posé de deux ou trois provinces est devenu cette grande na-
» tion dont vous connaissez la puissance. Que, sur cette
» longue liste de princes, on en puisse signaler de médiocres
» et de méchants ; que dans l'histoire de cette multitude de
» branches disséminées sur tant de trônes, il y ait à relever
» des fautes, des faiblesses, des égarements, *peut-être des*
» *crimes*, je vous l'accorde volontiers ; les familles royales,
» impériales, n'échappent pas à la loi commune de l'humanité.
» La Providence ne répartit pas toujours une somme égale de
» vertus à ceux que leur naissance peut appeler à régner sur
» leurs semblables. Aussi, les hommes réfléchis qui voulaient
» conserver la forme monarchique, en réservant les droits des
» peuples, avaient-ils cherché une garantie contre ces sortes
» de hasards. Ils voulaient tout à la fois assurer aux nations la
» stabilité, l'unité, la tradition et leur ménager les moyens de
» diriger leur propre gouvernement ; de faire leurs affaires, en
» un mot, ne pas les laisser livrées aux caprices d'un seul

» homme. C'est l'origine du système constitutionnel qui
» semble, grâce à Dieu, devoir être bientôt établi dans toute
» l'Europe, et qui, par un triste jeu de la fortune, n'a disparu
» momentanément, je l'espère bien, du sol de la France, que
» pour se répandre sur le reste du Continent.

» Ces divisions que vous reprochez aux Bourbons ne sont
» pas, croyez-le bien, leur apanage exclusif; elles ont existé
» chez toutes les familles qui ont régné longtemps.   .   .   .

»   .   .   .   .

» Si votre famille avait pendant dix siècles occupé le premier
» trône du monde, porté à diverses reprises cinq ou six autres
» couronnes; si, pendant une si longue carrière, la vie pu-
» blique et privée de tous ses rejetons avait appartenu à l'his-
» toire et nous apparaissait aujourd'hui pure de toute tache,
» si elle comptait autant de grands rois, autant de grands ca-
» pitaines, autant de guerriers morts sur le champ de bataille
» que la maison royale de France (c'est encore historiquement
» son vrai nom), alors, peut-être, auriez-vous le droit de vous
» montrer si sévère. »

J'ai entendu M. l'avocat impérial, dans une partie de sa discussion, nous dire : A quoi bon votre régime constitutionnel et
représentatif? nous l'avons eu, et qu'a-t-il valu à la France? Des
tiraillements, des déchirements, des luttes incessantes.

Oui, lui répondrai-je, des agitations constitutionnelles pour
préserver la société ou de véritables troubles ou d'une con-
stante oppression. Oui, des agitations inévitables, mais salu-
taires. On vous l'a montré il y a quelques moments par deux
éloquentes citations. Je puis mettre à côté d'elles les belles
paroles que je viens de lire, et c'est un morceau d'histoire qui
sera toujours bon à consulter. N'est-ce pas, en effet, parce
qu'il y a de bons et de mauvais princes, parce qu'il y a des
Marc-Aurèle et des Néron qu'il faut qu'un pays soit toujours en
situation de profiter de la bonté des uns, de maîtriser les mauvais penchants des autres ? Et n'est-ce pas pour cela qu'il faut
appeler les peuples par leurs représentants à défendre effica-
cement, librement, et d'une manière complète, tout ce qui est
dans l'intérêt commun du pays, à combattre par toutes les
armes pacifiques ce qui peut lui nuire ou l'opprimer? Le jugement, les volontés, les intérêts du chef de l'État pouvant se
trouver en opposition avec ceux de la nation qu'il gouverne,
la discussion s'engage, on débat pour savoir ce qui est bon, ce

qui est bien, et ce n'est pas à M. l'avocat impérial que j'apprendrai, à lui qui tous les jours provoque avec tant de succès et d'éclat la discussion dans cette enceinte, que toute discussion a pour résultat d'amener la manifestation de la vérité.

Voilà pour ce qui est relatif aux Bourbons. Et sans rechercher tout ce qu'on s'était permis dans le sein du Sénat, en ne tenant compte que de ce que nous avons tous lu, n'avons-nous pas toute raison de dire à M. l'avocat impérial, quand il prétend que le discours du prince Napoléon au Sénat n'a été qu'un prétexte pour la publication de la brochure, qu'on a voulu faire un pamphlet et non pas une réponse : n'avons-nous pas toute raison de dire : L'écrit que nous discutons, où se rencontrent des paroles si vraies, si justes, moralement, historiquement, a eu pour véritable et pour premier objet la seule et noble pensée de répondre à une agression imméritée, et je me permets d'adresser une question ; elle n'est que dans la forme, car je n'ai pas le droit d'en adresser : Croit-on, la main sur la conscience, que si le discours du prince Napoléon n'avait pas été prononcé, s'il n'avait pas été publié à des milliers d'exemplaires, propagé, endossé, pour me servir de l'heureuse et véritable expression dont s'est servi l'auteur de la brochure. S'il n'avait pas été précédé, préconisé par le télégraphe ; s'il n'avait pas reçu les sanctions, les approbations qui lui ont été décernées ; croyez-vous que le Prince exilé aurait songé à écrire une lettre en réponse et à la rendre publique ? Il n'est pas besoin même pour résoudre la question de se rappeler ce que disait tout à l'heure si bien Me Dufaure : Jugez de ce que ces princes, privés de leur patrie, ont pensé et ont fait dans cette douloureuse occurrence, par ce qu'ils ont pensé et par ce qu'ils ont fait en mille autres circonstances. Ont-ils été assez attaqués ? Ont-ils assez souffert dans leurs personnes et dans leurs biens ? Ont-ils été assez persécutés ? Ils ne se sont jamais plaints ; ils ont gardé le silence de la dignité, de la résignation, du courage. Il fallait donc qu'il survînt cette insulte devant laquelle on ne pouvait plus se taire. Et qui insultait-on ? Leur race tout entière, la maison de Bourbon, la famille d'Orléans ; on niait, on défigurait, on travestissait le passé de la France. Il fallait bien qu'ils élevassent la voix ; il fallait bien qu'ils l'élevassent au nom de leurs aïeux, de ces longues et nobles dynasties ; il fallait bien qu'ils l'élevassent au nom de leur père qui, lui aussi, était compris dans l'anathème de l'orateur impérial.

Et qu'avons-nous donc à nous demander à propos de cette défense si pieuse et si légitime d'un père par son fils, sinon si les faits sur lesquels elle repose sont avérés, et s'il est quelqu'un au monde qui écrirait autre chose sur un pareil sujet?

Eh bien, lisons :

« Vous compreniez sans doute sous cette désignation géné-
» rique de *princes d'Orléans*, le roi Louis-Philippe, auquel,
» dans la pureté de vos opinions sur le droit héréditaire,
» vous ne sauriez peut-être accorder le caractère royal. Avez-
» vous entendu lui reprocher d'avoir combattu pour la France
» en 1792, et *d'avoir vigoureusement conduit sa division à Valmy*
» *et à Jemmapes?* »

C'est qu'en effet ces princes, qui n'oublieront jamais qu'ils ont marché dans les rangs, à la tête de nos armées, se souviennent que leur père, alors qu'il n'y avait plus de princes, était à vingt ans un courageux général de division.

« Ou bien, continue la lettre, trouvez-vous qu'il fut trop
» libéral sous la Restauration et qu'il ait donné de trop sages
» conseils au roi Charles X? Car vous savez bien qu'il n'a ja-
» mais conspiré... »

» Quant à ses fils, vous les blâmez sans doute de n'avoir
» pas fait canonner la garde nationale de Paris, en 1848, ou de
» n'avoir pas ramené l'armée d'Afrique; d'avoir, en un mot,
» préféré l'exil à la guerre civile, quand ils croyaient que la
» France pourrait avoir bientôt besoin du sang de tous ses
» enfants. »

Voilà l'ensemble de l'article, voilà ce qu'il faut voir, et on se demande alors si, dans les quatre lignes qui suivent, c'est de propos délibéré, dans une pensée spontanément agressive, que le Prince qui écrit cette lettre termine en déplorant « ces
» pratiques impitoyables et les dures maximes qui depuis ont
» germé dans les cœurs devant le spectacle corrupteur de
» tant de violences heureuses. » Non, il ne faut pas les isoler de ce qui précède; c'est une défense et une réponse. Vous ne soutiendrez pas qu'elle n'était pas légitime, puisqu'on était attaqué; mais quoi? vous direz qu'elle est trop vive apparemment. Je soutiens, moi, qu'elle eût pu l'être plus sans sortir des bornes de la légitime défense; le Prince aurait pu dire s'il avait voulu pousser son droit jusqu'à ses dernières limites,

et en ne consultant que les souvenirs de l'histoire : Vous parlez des princes d'Orléans, et vous en nommez un pour rappeler de funèbres souvenirs et pour enfoncer de nouveau dans le cœur des descendants ce poignard envenimé dont ils n'ont que trop senti les cruelles atteintes. Vous ne nommez pas les autres, mais vous les comprenez tous dans la même invective. Quant à celui que vous nommez, je vous réponds d'abord que si, au milieu des entraînements, des aberrations, peut-être des terreurs révolutionnaires (car quel homme peut répondre d'y échapper toujours?), il a, dans un jour néfaste, laissé tomber dans un vote terrible, cruellement déguisé sous les formes d'un jugement révolutionnaire, une voix qui, vous le savez, ne pouvait déjà plus compter ni pour condamner, ni pour absoudre, après tout vous n'avez pas le droit de dire qu'il ne s'en soit pas mortellement repenti. Quant à nous tous, après l'expiation de l'échafaud où était montée cette seconde victime, nous avons toujours répudié, déploré, condamné autant que des enfants innocents peuvent le faire, cet acte à jamais lamentable et regretté...

Mais voyons, puisque vous voulez consulter l'histoire, consultons-la dans toute sa vérité. Vous avez horreur du régicide ; c'est bien, vous avez mille fois raison ; mais avant d'en parler si haut et si fort, souvenez-vous donc que le chef de votre dynastie, librement, volontairement, sans y être contraint par aucune terreur ou par aucune nécessité fatale, allait choisir, prendre, pour amis, pour partisans, pour conseillers, pour soutiens, pour ministres, ceux qui avaient marqué le plus dans les rangs des juges du roi martyr. Vous parlez de sang royal ou princier criminellement répandu, et vous versez sur ces crimes des larmes accompagnées d'invectives ; nous avons les mêmes sentiments que vous, mais cherchez bien...

M. LE PRÉSIDENT. M⁰ Hébert, je vous engage à rester dans l'affaire. Il y a quatre points qui sont déterminés par l'ordonnance de renvoi et sur lesquels seuls doit porter la discussion. Le tribunal n'entend retenir que ces quatre points, et pas autre chose.

M⁰ HÉBERT. Mon désir est aussi de ne traiter dans la cause que les quatre points dont il s'agit, mais le tribunal doit reconnaître qu'il n'est pas possible d'isoler quatre ou six lignes de celles qui les précèdent ou les suivent.

M. LE PRÉSIDENT. C'est pour cela que jusqu'à présent j'ai laissé votre discussion marcher et arriver aux quatre ou cinq lignes dont vous parlez ; mais dans ce moment, je crois que vous allez trop loin et je vous invite à rentrer dans l'affaire.

Mᵉ HÉBERT. Je n'insiste pas, plus désireux de céder à la volonté du tribunal que d'user complétement de ce que je crois être le droit de la défense. Je me borne donc à dire sur ce point que, pour quiconque a souvenir de l'histoire, pour quiconque a sous les yeux les actes historiques et les actes de famille, notamment le testament du roi Louis-Philippe et les testaments d'autres princes, on peut dire, sans crainte de rien exagérer, que loin d'excéder les bornes et les limites d'une légitime défense, l'auteur de la lettre imprimée et ceux qui lui ont prêté leur concours matériel sont restés, en retraçant le passé, bien au-dessous de ce qu'on pouvait et de ce qu'on avait le droit de publier.

Eh bien, venons maintenant aux quatre lignes expliquées, commentées légitimement par ce qui précède et ce qui suit.

Que trouvez-vous à y redire ? On avait semblé reprocher aux princes d'Orléans de n'avoir pas ramené leurs bataillons d'Afrique, non pour défendre, mais pour rétablir le trône de leur père, et ils répondent : Oui, nous n'avons pas voulu ramener 60,000 hommes armés pour canonner la garde nationale de Paris. Oui, nous l'avouons, si c'est une faute, nous la commettrions encore, et, les premiers, nous l'expions. Et il y a deux raisons pour nous. La première, c'est que nous préférons l'exil à toutes les jouissances, à toutes les gloires, à tous les avantages de la royauté ou de l'empire obtenus par de pareils moyens. La seconde, c'est, nous le pensions du moins, que nos concitoyens étaient animés alors du même esprit que nous, et que quelque désir qu'ils pussent avoir de nous voir revenir parmi eux, nul n'eût voulu que ce fût au prix d'une guerre civile ; car, à cette époque, au moment où 1848 éclatait, les esprits habitués au doux mouvement du gouvernement libre étaient éloignés de ces dures maximes et de ces pratiques impitoyables qui ont prévalu depuis... Que blâmez-vous ici ? est-ce « que les esprits étaient habitués au doux » mouvement du gouvernement libre ? » Non, incontestablement ; on peut prétendre, comme il y a quelques instants, que ce mouvement n'était qu'une suite de secousses, qu'il était mauvais, dangereux; qu'on le redise tant qu'on le voudra : je prétends le contraire; j'ai le droit de le soutenir quand j'ai pour moi 18 années, que dis-je? 32 années qui prouvent qu'un pays peut se trouver heureux de ce régime, de ces idées, de ce mouvement libre des institutions; et je suis plus avancé pour le dire que ceux qui n'ont encore à l'appui de leurs opinions et de leur triomphe, qu'un espace de temps beaucoup moins long et une expérience moins bien constatée.

Est-ce la seconde partie? « Ils étaient alors éloignés de ces » dures maximes et de ces pratiques impitoyables. » Mais c'est la parfaite vérité; mais nous oublions donc non pas l'histoire, mais les annales de nos jours. Quoi! il n'y a pas eu depuis cette révolution de 1848, plus ou moins par suite et par l'effet de cette révolution, ces deux choses : « De dures maximes et des pratiques impitoyables excitées par le spectacle corrupteur de tant de violences heureuses? » Il me sera bien permis, à moi, de dire, sans avoir la prétention que tout le monde soit de mon avis, que la première violence heureuse qui engendra cette disposition à accepter les pratiques impitoyables et les dures maximes, fut la révolution même du 24 février 1848. Je ne parle pas de ce qui l'a suivie, de l'usage qu'en firent ceux qui s'étaient emparés du pouvoir; ils furent meilleurs, je m'empresse de le reconnaître, que la situation qu'ils s'étaient faite; je parle de la situation même. Comment, en pleine paix, un gouvernement bien assis, qui était resté dans la Constitution, qui avait la majorité dans les deux corps délibérants, qui l'avait manifestement dans le pays, est renversé, et je n'appellerai pas cela le spectacle corrupteur d'une violence heureuse, et je ne dirai pas qu'il en résulte nécessairement de dures maximes et des pratiques impitoyables, ne fût-ce que celle-ci, que dès qu'un gouvernement déplaît à quelques-uns on peut le renverser, n'importe par quels moyens, et se poser à sa place?

M. l'avocat impérial connaît aussi bien l'histoire de cette époque que l'histoire actuelle; mais enfin il n'était pas alors, si je ne me trompe, dans les affaires publiques; il ne pouvait les voir d'aussi près que ceux qui s'y trouvaient aux degrés divers de l'échelle administrative et hiérarchique. Je puis lui assurer que ceux qui virent alors se produire ce premier fait, ce premier triomphe, ce premier spectacle corrupteur d'une violence heureuse, prévirent aisément qu'il en résulterait bientôt et successivement de dures maximes et des pratiques impitoyables. Ai-je besoin de rappeler que le 23 juin 1848 l'enseignement avait porté ses fruits, qu'il s'en fallut de peu, de rien, que nous n'eussions une seconde fois le spectacle bien autrement corrupteur du succès d'une violence heureuse et terrible; et les pratiques qu'on employait dès lors, et les maximes qu'on formulait de toutes parts avaient bien, je suppose, ces mêmes caractères dignes de toute réprobation. Messieurs, il est de la nature de ces événements, comme des pratiques et des maximes qu'ils engendrent, d'aller toujours croissant, de corrompre les esprits en même temps que d'armer les bras. Et pour arriver à une époque plus récente, dont je puis parler avec la même liberté (car, à vrai dire, cela n'atteint pas et ne peut pas atteindre, je ne dis pas justement ou injustement, mais de fait, le gouvernement actuel, le seul existant, le seul à l'égard duquel nous pourrions être légalement prévenus d'excitation à la haine et au mépris), lorsqu'à la suite de luttes nouvelles qui s'élevèrent on vit des députés arrêtés, conduits en prison; on vit, par les tristes nécessités qui existaient sans doute d'employer la force armée contre les citoyens, bourgeois désarmés, femmes, enfants atteints involontairement, je le veux encore, mais en grand nombre, et par les armes mêmes de ceux qui doivent les protéger, ne peut-on pas dire encore qu'à cette époque lugubre, les maximes dures, les pratiques impitoyables (rien n'est plus impitoyable que la mort donnée par la main de frères à leurs frères) avaient fait leur chemin, et que sous le doux régime constitutionnel qui avait régi la France pendant trente-deux années, de tels malheurs ne se produisaient pas? Quoi! vous trouvez étrange que des princes à qui on reproche de n'avoir pas fait ce que d'autres eussent fait pour ressaisir le trône de leur père, répondent : Nous n'avons pas voulu de la guerre civile; elle est la compagne inévitable de ces sortes de luttes, de ces triomphes de prétendants, et à l'époque où nous étions, en 1848, ni nous, ni ceux à qui nous aurions fait ce terrible appel, n'étions animés de l'esprit de ces dures maximes, de ces pratiques impitoyables qui président à l'accomplissement de ces horribles scènes et de ces tristes conquêtes? Mais y avait-il une raison de dire cela? Il y en a une bien forte, messieurs; elle est dans le discours du prince-sénateur. Voici ce qu'on y lit :

« Que des légitimistes ou des républicains exaltés venant
» d'Angleterre essayent donc de faire, avec 1,000 ou 1,500 hom-
» mes, une descente sur nos côtes, *nous les fusillerons bel et*
» *bien.* »

Je ne sais si on le ferait comme on le dit ; on se fait parfois
plus terrible qu'on n'oserait l'être ; mais je dis qu'à l'époque
constitutionnelle à laquelle fait allusion la brochure, un pareil
langage n'eût pas été tenu devant un des grands corps de
l'Etat, et livré comme aliment à toutes les communes de
France ; la pensée n'en serait même pas venue, et on l'avait
bien prouvé ; on avait eu bien des occasions de fusiller, et on
n'avait fusillé personne ; on n'avait pas pris conseil des ensei-
gnements détestables qu'on aurait pu trouver dans l'histoire ;
on avait pris conseil du cœur et de la raison. Tel était le
résultat de l'éducation publique et privée de ces belles années
que nous avons traversées. Et, certes, il était bien permis à
un des princes de la famille du bon roi Louis-Philippe de dire :
Si d'autres maximes, si un autre langage a cours désormais,
c'est l'un des résultats du spectacle corrupteur que nous
avons eu par le succès des *violences heureuses.* Je crois donc
que ce premier chef peut être justement écarté !

Je viens, non pas au troisième, qui a été si bien traité par
mon honorable ami, mais au second.

Après avoir annoncé dans son discours qu'on ferait fusiller
les 1,000 ou 1,500 légitimistes ou républicains qui viendraient
en France, le prince Napoléon pouvait-il trouver étonnant, et
quelqu'un peut-il trouver étonnant qu'on réponde dans la
lettre, à la page 14 :

« Or, sous le gouvernement de Juillet, est-il dit, il y a eu
» une incursion à Strasbourg et une descente à Boulogne, et
» personne n'a été fusillé. Grave faute, sans doute. Eh bien !
» ces d'Orléans sont incorrigibles, et ce serait à recom-
» mencer, que je crois vraiment qu'ils seraient aussi cléments
» que par le passé ; mais pour les Bonaparte, quand il s'agit
» de faire fusiller, leur parole est bonne. Et, tenez, prince,
» de toutes les promesses que vous et les vôtres avez faites
» ou pouvez faire, celle-là est la seule sur l'exécution de la-
» quelle je compterais. »

Voilà, messieurs, ce qui nous conduit au passage suivant,
relatif aux promesses, et qui est incriminé...

M. LE PRÉSIDENT. Je vous ferai la même observation.

Je vous engage à passer au second passage, puisque vous avez annoncé que vous alliez le discuter.

Mᵉ HEBERT. C'est ce que je fais.

M. LE PRESIDENT. Pardon, le second point commence page 15, par ces mots : « Je sais qu'il est difficile..., » et la page 14 n'est nullement incriminée.

Mᵉ HEBERT. Je m'attacherai donc aux deux mots indiqués par M. le président, me bornant à faire observer au tribunal que c'est à la suite de cette promesse *de faire fusiller*, la seule, dit la brochure, à laquelle on croit pouvoir ajouter foi, que vient l'examen des autres promesses. On rappelle alors comment, par le fait des événements, les promesses qui avaient été faites n'ont pas été tenues :

« Un seul homme, est-il dit, avait prêté serment à la Con-
» stitution républicaine, et *il lui a fallu* faire le 2 décembre 1851.
» On avait dit : L'empire, c'est la paix, et nous avons eu les
» guerres de Crimée et de Lombardie. En 1859, l'Italie devait
» être libre jusqu'à l'Adriatique ; l'Autriche est encore à Vé-
» rone et à Venise. Le pouvoir temporel du pape devait être
» respecté ; nous savons où il en est, et les grands-ducs at-
» tendent toujours leur restauration annoncée par la paix de
» Villafranca. »

Et puis vient le passage incriminé, commençant par ces mots : « Je sais qu'il est difficile de tant promettre et de tou-
» jours tenir ; » et finissant par ceux-ci : « Ceux auxquels on
» donne tant de promesses feraient bien d'y prendre garde. »

Et pourquoi, suivant la brochure, ceux auxquels on fait tant de promesses, dans les affaires politiques, feront bien d'y prendre garde? Pourquoi? Parce que par le fait des circonstances et le concours des événements (cette pensée est exprimée en toutes lettres), tant de promesses ne peuvent pas être tenues...

Est-ce à dire qu'il y ait eu déloyauté, volonté de tromper? En me plaçant au seul point de vue de l'imprimeur, je dis : Non; seulement il y a eu trop de facilité à annoncer et à promettre. Oh! qu'il serait désirable que dans la longue succession des gouvernements que nous avons eus, jamais un gouvernement n'eût été critiqué d'une manière plus vive et plus sérieuse que par l'attaque que je viens de rapporter!

Si on avait dit au gouvernement du roi Louis-Philippe, aux gouvernements qui l'ont précédé : Par le fait des circonstances et par la puissance des événements, vous êtes empêché de pouvoir arriver dans votre politique étrangère à tel but, à tel résultat : telle mesure qu'à l'extérieur vous avez conçue et voulu mettre à exécution, ne peut pas se réaliser par le résultat des événements, par les résistances que vous rencontrez. Soyez désormais plus sobre de paroles, plus attentif aux événements, surveillez votre langage et vos promesses, et ceux auxquels vous adresserez vos promesses feront bien d'y prendre garde comme vous ferez bien d'y prendre garde vous-même...

Mais cela, messieurs, ce n'est pas encore de la censure, c'est de la discussion. Si l'on blâme, si l'on critique, c'est en mettant les événements accomplis en regard des espérances qu'on avait conçues, en indiquant comme cause de l'inexécution des promesses ce que mainte fois le gouvernement a indiqué lui-même, tantôt qu'on rencontrait l'opposition de l'Angleterre, tantôt l'hostilité imminente de l'Allemagne sur le point de s'armer, tantôt que l'on craignait de faire naître de la part des anciens partis, bien gratuitement mis en cause, des entreprises auxquelles ils se livreraient d'autant plus facilement qu'ils verraient nos armées au dehors. C'était une accusation très-injuste, très-imméritée, j'en suis convaincu, contre ceux qu'on appelait les anciens partis. Mais dire que ces raisons ont été mises en avant, dire que par le fait, des paroles avaient été dites, des promesses faites, de prendre Venise et de rendre l'Italie libre jusqu'à l'Adriatique, de restaurer les grands-ducs, de fortifier le trône du saint-père, et qu'aucune de ces choses n'a été réalisée, ce n'est que de la discussion ; c'est tout au plus du blâme ; ce sera, si vous le voulez, de la censure, ce n'est pas à coup sûr une excitation à la haine et au mépris du gouvernement.

Vient le dernier paragraphe. Je prends, pour me conformer au désir de M. le président, à la page 30, la dernière partie :

« Quand la nation, quand chaque Français jouira de la
» même sécurité, de la même liberté, de la même inviolabilité,
» alors on aura droit d'inscrire en tête de notre Constitution
» les principes de 1789, dégagés des utopies de 1791, des
» crimes de 1793 et de l'hypocrisie d'une autre époque... »

Si j'avais la liberté de faire une excursion en dehors de la brochure, et de montrer au tribunal où la pensée et plusieurs des expressions mêmes qui sont incriminées ont été prises, j'étonnerais beaucoup ceux qui m'écoutent. Je ne puis pas le faire ; mais j'ai dans les mains les documents auxquels je fais allusion, et à en juger par un guillemet placé après le mot *époque*, c'est plutôt une citation qu'une pensée spontanée qui est ici formulée par l'auteur de la brochure. J'abandonne ceci, ne voulant pas sortir du cercle dans lequel je me trouve renfermé ; j'examine, supposant que cette citation est la pensée même de la lettre, ce qu'elle a de susceptible d'être incriminé ; je l'examine toujours au point de vue de l'imprimeur ; car si vous me demandez ce qu'a voulu dire, ce qu'a pensé l'auteur de l'écrit, je n'ai pas à le dire ; je pourrais me tromper, il n'est pas là pour vous rendre compte, selon la loi, de toutes ces pensées qui peuvent se trouver sous les expressions qu'il a employées. Ce que j'ai à vous dire, c'est ce qui a dû se présenter et qui s'est présenté à l'esprit de l'imprimeur, ce qu'il y a vu, ce qu'il a dû y voir.

Et d'abord si, par événement, il y a vu ce qu'il avait déjà vu dans d'autres publications ayant une origine également très-élevée, et qu'il se soit dit : « Cela n'a jamais été poursuivi, on ne s'en est jamais plaint, pourquoi donc s'en plaindrait-on aujourd'hui ? » il aurait déjà eu une première et grande raison de sécurité. Mais je veux qu'en pareille matière les assimilations et les raisonnements par les exemples soient périlleux ; je le veux, je l'admets. Il aura examiné la phrase elle-même ; il aura vu, lui qui n'est pas mêlé dans ces luttes politiques et de maisons princières, lui qui voit ces mots tels qu'ils sont, il aura vu ceci : Vous parlez sans cesse de 1815 et de 1789 ; vous avez tort de parler de 1815, car ce n'est pas à nous qu'il est imputable, ce n'est pas nous qu'il accuse, c'est un autre, et, grâce à l'histoire, il n'est plus besoin de le nommer.

Quant à 1789, vous en parlez aujourd'hui beaucoup trop, car pour avoir le droit et l'opportunité d'en parler sans cesse, il faudrait que vous eussiez mis, plus que d'autres, ce pays en possession des principes de 1789. Donc voilà une discussion ouverte sur les principes de 1789. Or, c'est un sujet sur lequel la discussion est intarissable. Je lisais, l'autre jour, dans un excellent ouvrage de M. Léonce de Lavergne, en quoi consistaient les principes de 1789 ; il se contentait de la liberté des citoyens, de l'inviolabilité de leurs personnes, de leurs propriétés, de leur domicile, de la liberté de la presse, et je me disais : Je suis pleinement de cet avis.

Je lisais aussi dans un ouvrage de M. Duvergier, aujourd'hui conseiller d'Etat, qu'il fallait y ajouter le droit de réunion. Je déclare qu'aujourd'hui comme autrefois, je suis parfaitement de l'opinion contraire. Je me souviens trop des banquets. Sous ce rapport, dès lors on pourrait me dire que, quoique je tienne beaucoup à l'inviolabilité de la personne du citoyen, de son domicile et de sa propriété, à sa liberté individuelle, à la liberté de la presse et de la tribune, et à tous les autres droits que je viens d'énumérer, je ne suis pas fidèle complétement aux principes de 1789, en ce que je n'admets pas le droit de réunion, et j'affirme que je n'y verrai aucune attaque, aucune excitation contre moi. Eh bien, discutant sur ce point, la lettre n'a-t-elle pas pu dire, sans offenser personne aux yeux de l'imprimeur, que les principes de 1789 ne seraient acquis, et qu'on ne pourrait les inscrire en tête de la Constitution, que lorsqu'il n'y aurait plus ni restrictions administratives à la liberté de la presse, ni atteinte possible autre que par l'action de la justice à la liberté des citoyens, à l'inviolabilité de leurs personnes, de leur domicile et de leurs biens, et quand la position de tous serait égale devant le droit commun ?

On a parlé, après les utopies de 1791 et les crimes de 1793, de l'hypocrisie d'une autre époque.

Mais de 1793 à 1861 il y a loin, il y a bien des époques, il y a bien des étapes politiques, bien des gouvernements. Voulez-vous donc que l'imprimeur ait vu, ait pensé nécessairement que l'autre époque dont il était question était l'époque actuelle ? Quoi donc ! est-ce que nous n'avons pas, relevant du jugement de tous les partis, de toutes les opinions même, avec les passions qui les animent, d'autres époques et d'autres gouvernements ? Le premier empire, je n'en parlerai pas longuement ; je ne veux point, alors que ce n'est point ma pensée, paraître sortir de la cause ; je veux abréger d'ailleurs, et me conformer au désir du tribunal, autant qu'il peut s'accorder avec le devoir et le droit de la défense. Mais, enfin, si quelqu'un dit que sous le premier empire, par exemple, les citoyens n'étaient pas en pleine jouissance des principes de 1789, de l'inviolabilité, de la sécurité personnelles, de la liberté de la presse ; si on allait jusqu'à dire que la France ne jouissait alors d'aucun des principes de 1789, qu'elle n'avait pas même la véritable égalité, qu'on n'avait trop souvent que l'égalité devant le despotisme impérial, quel est donc l'imprimeur d'un tel écrit qui pourrait être condamné comme coupable du délit d'excitation à la haine et au mépris du gouvernement actuel?

Sous la Restauration, que je n'ai ici ni à défendre ni à attaquer, a-t-il manqué d'écrivains, j'en trouverais de très-haut placés, pour lui dire qu'elle s'éloignait des principes de 1789? Le gouvernement de Louis-Philippe n'a-t-il pas été en butte aux mêmes reproches, et celui-là même qui n'est pas nommé et dont on veut que l'imprimeur ait lu le nom, peut-on dire, par le fait des circonstances, par la force des choses, par le malheur des temps, par la suite de son origine peut-être; peut-on prétendre, eût-il l'intention de nous mettre un jour en possession de tous les principes de 1789, qu'il nous les ait donnés dès à présent? Ce n'est pas un reproche que je lui fais, ce n'est pas une censure, ce n'est pas un blâme; mais, enfin, nous avons une loi que je respecte, comme telle, et qui est présente à tous les esprits, puisque M. l'avocat impérial en a parlé, la loi de sûreté générale. Je veux qu'elle soit encore nécessaire, je vous prie de remarquer que je la veux dans le rôle que je remplis ici, comme forme de mon argumentation; cette loi enlève par la force et la nécessité des circonstances, à un ou plusieurs citoyens, un des droits les plus précieux garantis en 1789.

Suivant M. l'avocat impérial, nous aurions pu dire cela avant la loi d'amnistie, nous ne pouvons plus le dire aujourd'hui. Mais, dirai je à M. l'avocat impérial, pour que cet écrit pût être imprimé par le pauvre imprimeur qui est mon client, il fallait donc avant tout qu'il feuilletât le *Bulletin des lois*, et qu'il vît s'il y avait ou s'il n'y avait pas un décret d'amnistie, et si ce qu'il pouvait imprimer il y a cinq ou six mois, pouvait ou ne pouvait plus l'être aujourd'hui? Et d'ailleurs, l'amnistie, quel est son effet? C'est d'agir sur le passé. Demain, si un des faits prévus par la loi de sûreté générale se produisait, la loi serait appliquée avec toutes ses rigueurs. Qu'a-t-on dit, dans le passage incriminé? a-t-on dit au gouvernement : Vous violez la liberté des citoyens? On a dit : Vous parlez toujours des principes de 1789, en même temps que des traités de 1815, et vous en parlez non pas pour vous glorifier, mais pour les jeter comme un reproche à la tête de ceux qui vous ont précédé, et qui sont aujourd'hui dans l'exil. N'en parlez pas tant. Quant aux traités de 1815, ils ne peuvent pas nous être reprochés, ce n'est pas à nous qu'on les doit. Quant aux principes de 1789, on aura le droit de les préconiser et de se présenter comme les seuls qui les appliquent, le jour où l'état de choses qui existe encore n'existera plus dans les lois ni dans les faits.

Ainsi même en disant que ces mots, *d'une autre époque*, peuvent s'appliquer à 1861, bien que 1861 soit séparé de 1793 par un espace si long, où tant de choses se sont accomplies, où tant de gouvernements se sont succédé, quand même on imposerait aux mots cette traduction forcée, l'imprimeur répondrait encore : Je n'ai trouvé dans ce passage rien qui pût établir l'excitation à la haine et au mépris du gouvernement.

Il me reste, avant de terminer, et en me renfermant, comme le désir m'en est exprimé, dans les limites resserrées de la défense, à vous faire par une seule citation (j'en avais plusieurs à ma disposition, je n'en ferai qu'une seule) mesurer ce qui peut être considéré comme le délit d'excitation à la haine et au mépris du gouvernement ; je le ferai par un écrit qui n'a pas été poursuivi, qui n'a pas dû l'être, et qui, traitant à peu de chose près les mêmes questions et se rattachant à des situations analogues, peut vous faire par la pratique bien juger et bien apprécier ce qui a toujours été dans la pensée de la loi qu'on vous demande d'appliquer.

Voici ce qui, en 1839, au mois de juillet, était publié en France, chez le libraire Paulin et par l'imprimerie de Félix Malteste :

« L'aigle impériale, que tant de lauriers ont illustrée, *n'a jamais été souillée du sang français répandu par des troupes françaises. Il y a peu de gouvernements qui puissent en dire autant de leur drapeau !...* »

» Et si, dans le séjour céleste où règne maintenant sa grande âme, Napoléon pouvait encore se soucier des agitations et des jugements qui se heurtent ici-bas, son ombre irritée n'aurait-elle pas le droit de répondre à ses accusateurs : Tout ce que j'ai fait pour la prospérité intérieure de la France, je n'ai eu pour l'accomplir que l'intervalle des batailles ; *mais vous qui me blâmez qu'avez-vous fait pendant 24 ans d'une paix profonde ?*

» Avez-vous apaisé les discordes, réuni les partis autour de l'autel de la patrie ? Avez-vous acquis aux différents pouvoirs de l'État la prépondérance morale que la loi leur concède et qui est un gage de stabilité?

» Avez-vous donné à votre chambre des pairs l'organisation démocratique de mon Sénat?

» Avez-vous conservé au conseil d'État sa salutaire influence et son bienfaisant emploi?

» *Avez-vous conservé à l'institution de la Légion d'honneur la pureté et le prestige* de sa première organisation?

» Avez-vous facilité l'accès à la chambre représentative, *en assurant une rétribution aux députés?*

» Avez-vous, comme moi, récompensé tous les mérites, *réprimé la corruption, et introduit dans l'administration cette morale sévère et pure qui rend l'autorité respectable?*

» Avez-vous fait servir l'influence du pouvoir à l'améliorarion des mœurs? *Les crimes, au lieu de diminuer, n'ont-ils pas suivi une progression croissante?*

» Avez-vous ouvert de nouveaux débouchés au commerce?

» Avez-vous employé tous les revenus de la France dans le seul but de sa prospérité?

» *Avez-vous rétabli la loi du divorce, qui garantissait la moralité des familles?*

» Avez-vous organisé la garde nationale de telle sorte qu'elle soit une barrière invincible contre les invasions?

» Avez-vous conservé à l'armée cette considération et cette popularité qu'elle avait acquises à si juste titre? La noble mission du soldat, n'avez-vous pas cherché à l'avilir?

» *Avez-vous assuré à la France des alliés sur lesquels elle puisse compter au jour du danger?*

» *Avez-vous diminué les charges du peuple? Vos impôts ne sont-ils pas, au contraire, plus élevés que nos impôts de guerre?*

» *Enfin avez-vous affaibli cette centralisation* administrative que je n'avais établie que pour organiser l'intérieur et pour résister à l'étranger?

» Non, vous avez gardé de mon règne tout ce qui n'était que transitoire, qu'obligations momentanées, et vous avez rejeté tous les avantages qui en palliaient les défauts.

» *Les bienfaits de la paix vous n'avez pu les obtenir ; et tous les inconvénients de la guerre vous les avez conservés, sans ses immenses compensations,* l'honneur et la gloire de la patrie... »

C'est en 1839, au mois de juillet, que cet écrit paraissait librement en France. Il paraissait, au moment où le gouverne-

ment venait de comprimer, par la seule autorité des lois,
l'émeute du mois de mai précédent, au moment où la personne
du roi venait d'échapper à deux tentatives. Il arrivait à la
veille d'un fait très-grave que ne comprenait pas M. l'avocat
impérial tout à l'heure dans l'énumération des troubles, des
assauts que le gouvernement de Louis-Philippe avait eu à su-
bir ; il arrivait également après un premier fait semblable qui
avait été signalé et par la clémence et par le repentir. Eh bien !
il était l'œuvre d'un exilé, d'un homme malheureux, disposé à
être injuste ; cet exilé revendiquait au profit de sa dynastie et
de sa famille des services, des bienfaits, des titres qu'assuré-
ment, en mettant une réponse au pied de chaque apostrophe,
on pouvait aisément contester. Il s'adressait à la France, et le
gouvernement d'alors, quoiqu'il fût en butte à toutes ces agitations qu'on lui reprochait à l'instant, se crut assez fort, assez
sûr de la force de la vérité, pour laisser passer librement cette
publication : l'imprimeur, l'éditeur ne furent pas inquiétés. Ce
que je vous demande, messieurs, ce n'est pas de justifier une
impunité par une impunité précédente ; M. l'avocat impérial
me dirait peut-être qu'on eut tort de ne pas poursuivre, qu'on
l'eût pu, qu'on l'eût dû parce que le délit existait. Il peut être
regrettable que tant de zèle, si une poursuite était nécessaire,
n'ait pas été dès lors à la disposition des lois et du gouvernement. Ce que je puis croire toutefois, c'est qu'alors et le gouvernement et les magistrats supérieurs en auraient tempéré les
élans et déclaré qu'il valait mieux ne pas poursuivre. Et
cependant quelle gravité dans les attaques ! quelle dureté dans
les interpellations ! quelle excitation, il faut le dire, sinon au
mépris et à la haine du gouvernement, du moins à la pensée
que le gouvernement n'avait rien fait de ce qu'il avait promis !

Comparez cet écrit avec celui qui vous est dénoncé aujour-
d'hui. Demandez-vous s'il y a véritablement, dans les circonstances où nous sommes, utilité et justice à condamner. A dé-
clarer contre la personne de l'éditeur et de l'imprimeur qu'il y
a dans cet écrit excitation à la haine et au mépris du gouvernement, vous ne le penserez pas ; vous préférerez une discussion libre à un mutisme, fruit de la crainte, parce que vous y
trouverez plus de garanties en faveur de la vérité.

Ici, la vérité, messieurs, nous l'avons indiquée, développée:
elle frappe tous les yeux, elle saisit tous les esprits ; elle est
dans la situation même : d'un côté une attaque sans laquelle

la réponse n'aurait pas eu lieu, une attaque méditée de la part de celui qui est heureux et puissant, une attaque de la part de celui qui est entouré, qui peut être conseillé, éclairé, retenu par les bons conseils de la réserve et de la modération. Et à qui s'adresse-t-elle? A des exilés, à des princes malheureux qui souffrent d'être éloignés de la France et qui souffrent injustement. Et de l'autre côté, une réponse, une défense d'un exilé, comme d'autres le furent: d'un exilé qui n'a rien à se reprocher, ni pour lui, ni pour sa famille, à laquelle ses plus grands ennemis ne reprochent plus, depuis longtemps, que de ne s'être pas défendue, en faisant répandre le sang des citoyens par la main d'autres citoyens; d'un exilé répondant à l'outrage, au nom de son père, au nom de tous les siens, au nom de la patrie, au nom de tout ce qu'il a de plus cher. Quand on est dans une telle situation, on a le droit de trouver des organes et des interprètes pour de si généreuses pensées, et quand on s'adresse aux interprètes et aux organes que la loi présente à tous, à un éditeur, à un imprimeur, et qu'on leur demande le secours d'une publicité restreinte contre une immense publicité, dans de pareilles circonstances, s'ils ont un droit à sauvegarder, un intérêt à défendre, ils ont aussi un devoir à remplir. Celui que je défends croit n'avoir rempli que ce devoir et vous prononcerez son acquittement.

JUGEMENT.

« Le tribunal,

» En ce qui touche Lemercier-Dumineray :

» Attendu qu'en avril 1861 Lemercier Dumineray a publié et vendu une brochure intitulée : *Lettre sur l'histoire de France*, adressée au prince Napoléon et signée Henri d'Orléans, qui, contenant une attaque bien plus qu'une défense, constitue dans son ensemble un véritable manifeste contre le gouvernement, auquel elle impute des intentions, des tendances et des actes contraires à la fois à ses devoirs, aux intérêts et à l'honneur du pays ;

» Que, notamment à la page 12, elle accuse le gouvernement de donner au pays *le spectacle corrupteur de tant de violences heureuses qui ont fait pénétrer dans tous les cœurs de dures maximes et des pratiques impitoyables* ;

» Qu'à la page 15, dans le passage commençant par ces mots : *Je sais qu'il est difficile*, etc., elle impute au gouvernement de toujours promettre avec le dessein préconçu de ne jamais tenir, et qu'aux pages 25, 26 et 27, persistant dans la même idée et la développant, elle dénature et travestit les faits contemporains pour y trouver le prétexte de rendre le gouvernement responsable du mal qui s'est fait et du bien qui ne s'est pas fait, et change sa modération en duplicité ou en faiblesse, pour le signaler à la fois à l'animadversion des consciences alarmées et aux ressentiments des révolutionnaires exaltés ;

» Que dans le même passage, trouvant un sujet de blâme dans ce qui devrait être, aux yeux de tous les partis, un sujet d'éloge, elle ne voit qu'une comédie jouée à la face de l'Europe dans les actes qui ont rendu aux grands corps de l'Etat le droit de discuter les actes et la politique du gouvernement, droit dont il a été fait un si sérieux et si complet usage ;

» Qu'à la page 30, dans le passage qui commence par ces mots : *Quand la nation*, etc., elle refuse au gouvernement *le droit d'inscrire en tête de notre Constitution les principes de 1789 dégagés des utopies de 1791, des crimes de 1793 et de l'hypocrisie d'une autre époque*, lui imputant ainsi, d'une manière détournée, d'abandonner les principes dont il est l'expression vivante ou de s'en parer avec hypocrisie ;

» Que de pareilles imputations, que nul n'a le droit de diriger contre les pouvoirs établis, sont évidemment faites dans le but intéressé d'aliéner les cœurs et d'égarer les esprits, et que, en publiant et en vendant l'écrit qui les renferme, Lemercier-Dumineray a excité à la haine et au mépris du gouvernement, et commis le délit prévu et puni par l'art. 4 du décret du 11 août 1848 ;

» En ce qui touche Beau :

» Attendu qu'il est judiciairement établi que Beau, qui a imprimé la brochure incriminée, s'est rendu complice du délit ci-dessus spécifié, en fournissant à Lemercier-Dumineray les moyens de le commettre, et en aidant et assistant celui-ci, avec connaissance, dans les faits qui ont préparé, facilité et consommé ledit délit ;

» Faisant application aux deux prévenus de l'article 4 du décret du 11 août 1848, et à Beau des articles 59 et 60 du Code pénal ;

» Condamne Dumineray en une année d'emprisonnement et 5,000 fr. d'amende ;

» Beau en six mois d'emprisonnement et 5,000 fr. d'amende ;

» Ordonne la confiscation de la brochure saisie. »